Wolfgang Maria Gran

OTTO KONRAD
Ansichten einer Reizfigur

Eigenverlag

Gran, Wolfgang Maria:
OTTO KONRAD - Ansichten einer Reizfigur
© Copyright by Grafax Ges.n.b.R.
Seekirchen 1997

Das Werk, einschließlich aller seiner Teile, ist urheberrechtlich geschützt. Jede Verwertung außerhalb der engen Grenzen des Urheberrechts ist ohne Zustimmung des Verlages unzulässig und strafbar. Das gilt insbesondere für Vervielfältigungen, Übersetzungen, Mikroverfilmungen und die Einspeicherung und Verarbeitung in elektronischen Systemen.

Umschlaggestaltung: Wolfgang M. Gran, Markus Fagerer
Satz und Repro: Grafax Ges.n.b.R.
Druck und Bindung: KoroPrint, Gorizia (Italien)

Verlagsanschrift:
Grafax Ges.n.b.R., Mödlham 13/9, Postfach 2
A-5201 Seekirchen

ISBN 3-9500636-0-9

INHALTSVERZEICHNIS

VORWORT 4

TORMANN – SPINNER UND WINNER 6

GROSSER MANN GANZ KLEIN 11

STURM UND DRANG 16

JUNGER HIDEN UND WEISSER MILLA 23

EINEN KONRAD AUF KREDIT 31

DER UNTERSCHIED HIESS OTTO 37

ELF METER ZUR GLÜCKSELIGKEIT 43

DER KOPF DES JAHRES 54

KAMPF DER HÄUPTLINGE 62

RONALDO STATT ROSENEGGER 72

EINE VERHÄNGNISVOLLE AFFÄRE 84

ANSICHTEN EINER REIZFIGUR 100

NARZISS UND GOLDHAND 116

SEHNSUCHT NACH LEBEN ZWEI 132

NACHWORT 153

LITERATURHINWEISE 155

BILDHINWEISE 156

PERSONENREGISTER 157

VORWORT

Nichts ist älter als die Schlagzeile von gestern, ist eine der Lektionen, die man im journalistischen Tagesgeschäft am schnellsten und gründlichsten lernt. Warum also gerade jetzt ein Buch über Otto Konrad, dessen Glanztaten, die ihn vorübergehend zum populärsten Österreicher gemacht haben, bereits im Archiv der Kurzlebigkeit verstauben?

Es ist unbestritten, daß sich eine Heldensage nach dem Motto „Hochglanz ohne Kratzer" 1994 ohne besonderen Aufwand in die Bestsellerlisten katapultieren lassen hätte. Es ist auch so, daß sich wenig später ein aus drei Schwächen und zwei dunklen Punkten gemixter, publikumsträchtiger Giftcocktail für den Superstar im Sinkflug in Buchform auch ganz gut verkauft hätte. Aber beides war nie meine Intention. Entstanden ist dieses Buch vorwiegend aus Neugierde, die nicht mit dem schnellen, ständig wechselnden Blick auf die Tagesaktualität zu befriedigen war. Denn was sich um Konrad und Salzburgs „Wunderteam" herum abgespielt hatte, war für mich in dieser Form Neuland gewesen, das ich kennenlernen wollte. Drei Anlässe gab es, diesen Wunsch in die Tat umzusetzen:

Als Konrad in Frankfurt seinen zum Elfmeterschießen eingeteilten Kollegen Thomas Winklhofer wegscheuchte und den ersten Europacuperfolg einer österreichischen gegen eine deutsche Mannschaft höchstpersönlich perfekt machte, wollte ich wissen: Was macht einen Menschen in so einer Situation so stark, so unglaublich sicher, daß er offenbar nicht im mindesten die Möglichkeit in Betracht zieht, an seiner Aufgabe auch scheitern zu können?

Als ich Konrad am Ende des Erfolgsjahres 1994 für die „Krone" länger interviewte, erschien er mir anders als gewohnt: ausgebrannt, belastet, verwundbar, fast hilfesuchend. Da wollte ich wissen: Wie geht dieser nach außen so souveräne, unnahbare Mensch, der gründlich gelernt hat, sich fehlerlos zu präsentieren, mit den Watschen des Lebens um, mit jenen Dingen, die unvermutet daherkommen und nicht wie ein Flankenball zu berechnen sind? Wie nahe darf sich so ein bestens funktionierender Mensch überhaupt grundsätzlich an sich selbst und damit zwangsläufig auch an seine eigenen Schwächen heranlassen?

Als ich einen meiner spärlichen Heimatabstecher nach Graz machte, zeigte mir mein inzwischen 62 Jahre alt gewordener Vater stolz ein Bild: Er hatte sich in unserem Heimatbezirk Andritz mit Otto Konrad fotografieren lassen. Das war derselbe Vater, der in den acht Jahren meiner aktiven Kickerei in Graz nicht ein einziges meiner Spiele besucht und grundsätzlich aufs andere Programm geschaltet hatte, wenn im Fernsehen ein Fußballspiel übertragen wurde, das mich interessiert hätte. Da machte es mich schon fast zornig, daß der gute Herr Konrad nun auch noch meinen alten Herrn mit dem Fußballvirus infiziert hatte, und der vormals Unbedarfte mit mir plötzlich über die Salzburger Europacupspiele fachzusimpeln begann.

Die schillernde Persönlichkeit Otto Konrad und das, was sie zu bewirken imstande war, waren also ein Motiv, dieses Buch zu schreiben. Dazu kam danach, daß das Phänomen Konrad als „Reizfigur" auch den Absturz der Salzburger Austria in die relative Bedeutungslosigkeit überlebte. Viele verehrten ihn auch in dieser Zeit unvermindert, viele waren erleichtert, weil sie ihn endlich wieder offen und lautstark hassen durften, ohne wegen Majestätsbeleidigung vor das Tribunal der öffentlichen (und veröffentlichten) Meinung zu müssen. Egal war er aber praktisch keinem, der mit Fußball zu tun hatte. Und das hängt nur bedingt damit zusammen, daß einer wie Konrad, für den die Palette der Instrumente schon bei der zweiten Geige aufhört, fast notgedrungen als „agent provocateur" in eigener Sache gefordert ist, wenn er vom Solistenpodium weg und zurück ins Orchester soll.

Otto Konrad in Frankfurter Jubelpose

Denn daß etwa Rapid-Anhänger drei Monate, nachdem Otto Konrad Österreich verlassen hatte, im Hanappi-Stadion sangen: „Ohne Konrad ist es hier so fad" kann man dem – offensichtlich auch als Feindbild – Vermißten auch beim schlechtesten Willen nicht als von ihm selbst gesteuerte PR-Aktion unterjubeln.

Für mich wurde die Arbeit an diesem Buch über die ursprünglichen Fragestellungen hinaus zu einer faszinierenden Angelegenheit. Erstens hatte ich nicht damit gerechnet, wie anstrengend es sein kann, einen Menschen zu erforschen. Nicht vom Recherche-Aufwand her, das ist Handwerk. Aber das umfassende Kennenlernen eines anderen, das nicht von gefühlsbetonten Motiven geleitet ist, die Suche nach der Wirklichkeit in einem Labyrinth unzähliger persönlicher Wahrheiten, das strengte gerade am Anfang sehr an. Phasenweise träumte ich schon von Otto Konrad, und das war nicht nur meiner Frau nicht mehr egal. Doch die Arbeit wurde, je länger sie dauerte, immer leichter und auch überschaubarer, weil sich immer mehr Puzzleteilchen ineinander zu fügen begannen.

Dieses Buch ist aber mehr als eine Biographie. Es ist auch ein Stück heimischer Fußballgeschichte, gerankt um eine Persönlichkeit, die diese zehn Jahre manchmal entscheidend mitgeprägt hat. Und es ist zudem ein Versuch, Spitzensportler auch so zu zeigen, wie sie abseits des Scheinwerferlichts, der Mikrophone und gezückten Bleistifte sind. Menschen, die es irgendwie schaffen müssen, das verrückte Ping-Pong-Spiel zwischen Hochheben und Fallenlassen, Anbeten und Anspucken, Verehren und Verschmähen zu meistern. Menschen, die, von Kameras überwacht, im Zeitraffer von Höchstleistung zu Höchstleistung hetzen und dabei nie ungestraft ausrasten dürfen, denn der Ersatz sitzt schon scharrenden Hufes wenige Meter entfernt und wartet auf den Fehler.

Hochinteressant war für mich letztlich auch die Arbeit mit Otto Konrad selbst. Viereinhalb Jahre hatten wir beruflich in Salzburg miteinander zu tun gehabt, er als Sportler, ich als Berichterstatter. Wir hatten ein erstklassiges Arbeitsverhältnis, weil Konrad die Medienarbeit stets als sinnvollen und auch sehr nützlichen Bestandteil seines Berufs begriff.

Für dieses Buch mußten wir beide ein wenig umdenken. Ich mußte tiefer hinein in sein Leben, als wir beide das im distanziert-professionellen Tagesgeschäft gewollt und zugelassen hätten. Er mußte wiederum Vertrauen gewinnen zu einem, der in seinem Umfeld sein Leben zu durchleuchten begann, und er mußte sich zudem auch recht rasch von der Vorstellung verabschieden, daß ich nur einen Hymnus auf seine Verdienste zu Papier bringen würde. Ich glaube, wir haben es beide geschafft, einander so nahe wie möglich zu kommen, ohne die auch für die Produktion dieses Buches notwendige und gewünschte Distanz aufgeben zu müssen. Es hat überwiegend Spaß gemacht, dieses Buch zu schreiben, und das ist, ehrlich gesagt, mein wichtigstes Motiv gewesen.

Wolfgang M. Gran
Seekirchen, im Juni 1997

TORMANN - SPINNER UND WINNER

Christian Fürstaller, als grimmiger Manndecker des Salzburger Wunderteams ein Mann fürs Grobe, steigt auch verbal kräftig ein, wenn es um das Wesen des Tormannes geht: „Du mußt erst einen finden, der sich bei Frost und Dreck einem Spieler entgegenschmeißt - da mußt du ein bisserl einen Klescher haben."

Tormänner werden den Ruf nicht los, daß mit ihnen irgendetwas nicht stimmt. Sie sind natürlich eigen, schon allein deshalb, weil sie die Einzelkämpfer im Mannschaftssport sind, das Team im Team, viel allein abseits der Truppe trainieren und im Ernstfall den undankbarsten Job haben. Einen, bei dem man sich an einem schlechten Tag nicht hinter seinen Mitspielern verstecken kann, einen, der praktisch nie Fehler verzeiht, einen, bei dem immer nur einer drankommt. Und einen, bei dem sich die für eine Mannschaft bittersten Negativ-Erlebnisse, die Gegentore, am härtesten und unmittelbarsten auswirken.

Auf keiner anderen Position ist die Gratwanderung zwischen Held und Buhmann so gefährlich. Sepp Maier, Tormannlegende von Bayern München und der deutschen Nationalmannschaft in den späten 60er- und den 70er-Jahren, und Jean-Marie Pfaff, belgischer Ex-Teamtormann und in den 80ern Maiers Erbe im Bayern-Tor, beschreiben in ihrem „Torwartbuch" die Facetten des Lebens zwischen den Pfosten recht drastisch: „Manchmal ist der Tormann in einer Mannschaft der Kopf, manchmal das Herz, manchmal die Seele und manchmal auch der Arsch."

Für Hubert Baumgartner, den ehemaligen Klassekeeper von Austria Wien, Europacupfinalisten 1978 und Vorgänger Otto Konrads als Spanien-Legionär, ist der Tormann der wichtigste Mann in einer Fußballmannschaft: „Bei bedeutenden Spielen, wenn es so richtig hart auf hart geht, macht ein guter Tormann 60 Prozent des Erfolges seiner Mannschaft aus. Ein gut verteidigender Tormann begeistert seine Mitspieler und spornt sie zu außerordentlichen Leistungen an. Ein indisponierter, grobe Fehler begehender Tormann hingegen entmutigt seine Mannschaft, spornt den Gegner zu wiederholten Angriffen an und kann auf diese Weise ein entscheidender Urheber von Niederlagen werden."

Oder, wie es Maier und Pfaff ausdrücken: „Als Torwart kann man Fehler der Mitspieler ausbügeln. Das ist den Feldspielern bei Torwartfehlern nicht möglich. Begeht der Torwart einen Fehler, hat das nur in den wenigsten Fällen keine katastrophalen Folgen."

Sepp Maier: ... und manchmal bist du der Arsch

All das bedeutet: Ein Klassetormann muß viel mehr können als Talent mitzubringen und sein technisches Handwerkszeug zu beherrschen. Der entscheidende Unterschied zwischen gewisser Güte und unbestrittener Klasse liegt im Kopf. Selbstbewußtsein bis hin zur Egozentrik und ein außergewöhnliches Maß an Konzentrationsfähigkeit kennzeichnen deshalb die meisten Weltklassetorhüter. Und ein guter Tormann muß Autorität besitzen. Er hat eine der verantwortungsvollsten Aufgaben im Mannschaftsgefüge, muß deshalb die Qualitäten einer Führungskraft mitbringen, und sich, ohne Rücksicht auf alles, was das Ziel gefährden könnte, durchsetzen können. Ein hochtalentierter Ballfänger ohne entsprechende Persönlichkeit wird sich im Hochleistungssport nicht zu einem wirklich erstklassigen Tormann mausern.

Kurz: Der Ruf, den die Tormänner haben, ist darin begründet, daß sie in den meisten Fällen egozentrische Einzelkämpfer sind, die sich schwer tun, Erfolg zu teilen; darin, daß die Besten ihres Fachs sozusagen leitende Angestellte mit hoher Verantwortung sind, die sich fast immer aus dem lustig-lockeren Teil des Mannschaftslebens ausklinken und kaum Gruppen angehören, weil sie fürchten müßten, durch Verhaberung Autorität einzubüßen; und schließlich darin, daß sie ihren Job unter kaum vorstellbarer Anspannung tun, die sich in für Außenstehende unverständlichen Aktionen entladen kann. Auch Oliver Kahns Auszucker gegen Andi Herzog 1996 bei Bayern München ist unter einem solchen Aspekt zu sehen.

Viele Torhüter leben schließlich, wohl als Ausgleich für ihren Hochkonzentrationsjob, diverse Marotten aus. Das kann sich in der Kleidung zeigen, wie beim mexikanischen Paradiesvogel Jorge Campos, oder in Österreich beim früheren GAK-Tormann Savo Ekmecic, der sich im knielangen Seiden-Beinkleid in den Gatsch warf. Lew Jaschin, der vielleicht beste Torhüter dieses Jahrhunderts, der 1963 mit Dynamo Moskau in 27 Partien nur sechs Tore kassierte, verdankte seiner

Savo Ekmecic: Im Seiden-Beinkleid in den Gatsch

Bekleidung den Beinamen „Schwarze Spinne". Der Mexikaner Antonio Cárbajal, mit fünf WM-Teilnahmen (von 1950 in Brasilien bis 1966 in England) bis heute Weltrekordhalter, trug während seiner gesamten Laufbahn unter seinem gelben Tormannpulli ein zerschlissenes grünes Trikot seines Klubs Léon – er glaubte, sich damit den Schutz der Aztekengötter sichern zu können.

Andere wieder pflegen ihr Image als Clown und Exzentriker mit diversen Spompanadeln auf dem Feld. Eine der schillerndsten Figuren dieser Tormann-Entertainer ist Kolumbiens René Higuita, dessen mißglückter Haken gegen Roger Milla im WM-Achtelfinale 1990 gegen Kamerun heute noch in lebendiger Erinnerung ist und der diesem Ausritt noch viele weitere folgen ließ. Oder Paraguays José Luis Chilavert, übrigens einer der Vorgänger Otto Konrads als Tormannlegionär bei Real Saragossa (1988 bis 1991).

Der hatte in der abgelaufenen Saison bis Mai für seinen argentinischen Verein Velez Sarsfield bereits 15 Saisontore aus Elfmetern und Freistößen geschossen und – damit ist er weltweit ein Unikum – auch in der WM-Qualifikation für Paraguay zweimal eingenetzt.

Chilavert hat kein Problem damit, seinen „Klescher" zuzugeben. In der Juni-Ausgabe des österreichischen „Sportmagazins" wird der Keeper, der sich sein Leiberl mit dem Konterfei einer Bulldogge beflocken ließ, so zitiert: „Ich weiß, daß ich ein Verrückter bin, ein Macho. Aber ich spiele nun mal nicht zum Vergnügen Fußball, sondern der Mäuse wegen."

Gegen diese südamerikanischen Vertreter der Gattung Tormann-Exzentriker nahm sich etwa Karl-Valentin-Verschnitt Sepp Maier, der im Münchner Olympiastadion im Spiel gegen Bochum vor 20.000 Leuten einmal einer Ente nachhechtete – und sie publikumsträchtig verfehlte –, in seiner Spielauffassung fast wie ein ernster deutscher Mensch aus – obwohl er Bayer ist. Näher an die Südamerikaner heran kam da der legendäre Tormann von 1860 München, der Belgrader Petar „Radi" Radenkovic. Der war gleichermaßen für spektakuläre Ausflüge wie ebensolche Ballverluste bekannt. Und als er einmal wegen Schiedsrichterbeleidigung einen Monat gesperrt und zu 5.000 D-Mark Geldbuße verdonnert wurde, ließ er sich in Sträflingskleidern fotografieren. Der „Flipper" im 60er-Tor gehörte zu seiner Zeit übrigens laut Umfrage eines Magazins neben John F. Kennedy, Winnetou und Albert Schweitzer zu den Vorbildern der deutschen Jugendlichen.

Show kann jedenfalls nur einer bieten, der in seinem eigentlichen Metier auf dem Rasen unumstritten und ein Fixpunkt in der Mannschaft ist.

In Österreich haben die Torhüter seit jeher einen hohen Stellenwert. Von Wunderteam-Goalie Rudi Hiden über „Tiger" Zeman, Friedl Koncilia bis zum heutigen Dreigestirn Michael Konsel, Franz Wohlfahrt, Otto Konrad spannt sich ein Bogen von Weltklasseleuten zwischen den Pfosten. Und ein Phänomen beobachtet Teamspieler Peter Stöger im Lande: „In Österreich suchen sich die Leute von einer guten Mannschaft sehr oft als Idol den Tormann heraus. Sogar Ernst Happel hat damals die Wiener Austria nur als den FC Wohlfahrt bezeichnet."

Andererseits muß man sagen, daß sich sowohl bei Austria Salzburgs Vorstoß in die europäische Fußball-Elite im Erfolgsjahr 1994 als auch bei Rapids Einzug ins Europacupfinale 1996 die Torhüter Otto Konrad und Michael Konsel vielleicht nicht gerade die eingangs erwähnten 60 Prozent, aber doch einen erklecklichen Teil des Mannschaftserfolges gutschreiben durften.

Otto Konrad, um den es in diesem Buch geht, vereint viele klassische Tormann-Merkmale auf sich. Er ist Individualist, Egozentriker, Führungsfigur – und er ist vor allem, wie es sein früherer Mitspieler und späterer Trainer Heribert Weber formuliert, ein „Erfolgskranker". Er ist als Führungsperson auf dem Platz laut und aggressiv, was viele, die von außen hineinschauen, auf den ersten Blick abschrecken kann. Was Andreas Herzog mit Oliver Kahn widerfahren ist, hätte Otto Konrads Lieblingsfeinden Peter Artner und Mladen Mladenovic genauso gut passieren können: Daß sie während des Spiels vom eigenen Goalie durchgebeutelt werden, weil dem eine Sicherung durchbrennt. Als Wolfgang Feiersinger 1994 im Champions-League-Qualifikationsspiel gegen Maccabi Haifa, bereits mit Gelb verwarnt, nicht aufhörte, mit dem Schiedsrichter zu streiten, stürmte Konrad mit 30-Meter-Sprint aus dem Tor und beförderte seinen Mannschaftskollegen mittels Bodycheck aus dem Sichtwinkel des Referees.

> „Eine Mannschaft braucht Typen wie Otto Konrad oder früher auch mich selbst als Spieler, weil nur gut und lieb sein, das ist für den großen Erfolg mit Sicherheit zuwenig."
> **Heribert Weber**

Aber, um noch einmal Heri Weber zu zitieren: „Im Mannschaftssport kommst du ohne Aggressivität nicht aus." Christian Fürstaller, wie Konrad in der Hierarchie der sogenannten großen Salzburger Mannschaft von 1994 ganz obenauf, sieht darin auch nichts Schlechtes: „Otto Konrad weiß, was er will, er sagt, was er denkt, und er ist in einer Mannschaft wichtig, weil er ein ehrlicher, gerader und unangenehmer Mensch ist. Die richtig erfolgreichen Spieler, die für eine Mannschaft wichtig sind, sind immer unangenehm. Unangenehm sein heißt natürlich manchmal auch ungerecht und unfair sein. Aber das kann positive Auswirkungen für die Mannschaft haben. Es gibt auch erfolgreiche Spieler, die für eine Mannschaft aber nicht so wichtig sind, weil sie nie sagen, was gesagt gehört." Das kann Konrad nicht passieren.

Daß einen dieser Wesenszug nicht zu einem gefragten Kumpel in der Mannschaft macht, hat Konrad auch in Salzburg erfahren. Aber Typen wie er oder auch Heribert Weber als Spieler suchen das gar nicht, wollen privaten Kontakt nur bis zu einem gewissen Punkt haben, um im Ernstfall auf nichts und niemanden Rücksicht nehmen zu müssen.

Spinner und Winner – was trifft auf Otto Konrad zu? Ein Winner ist er zweifellos, das hat er nicht nur in Frankfurt bewiesen, wo er „Cordoba 2" als One-Man-Show inszenierte: mit feinem Näschen für die Gunst der Sekunde, mit gehörigem Talent in Sachen Selbstdarstellung – aber vor allem mit beeindruckender Leistung. Daß er den Ball beim entscheidenden Elfer gegen Uli Stein samt circa 350 Gramm Erde ins Netz ballerte, hatte mit seiner Tormannleistung sicher nichts zu tun. Wohl aber, daß er vorher zwei Frankfurt-Penalties pariert hatte.

Ein klarer Zielgedanke und die Fähigkeit, im richtigen Moment die richtige Entscheidung zu treffen, das macht den sogenannten Siegertypen aus. Als solcher wurde Konrad von Otto Baric nach Salzburg geholt, und als solcher bewies er sich dort auch über Jahre.

Wie aber steht's mit dem Spinner? Das führt zurück zum hochsensiblen und hochkomplizierten Menschengebilde Tormann. Da muß man Konrad bescheinigen, daß er bei genauer Betrachtung alles andere als ein Spinner ist, weil es kaum einen Spieler gibt, der genauer kalkuliert, die Situation exakter prüft und sich besser nach allen nötigen Seiten absichert, ehe er als Kasperl oder

Konrads Vorgänger im Saragossa-Tor, José Luis Chilavert: „Ich weiß, daß ich ein Verrückter bin."

Polterer auftritt. Seine riskanten Haken vor der eigenen Torlinie machte er erst ab einem Zeitpunkt, ab dem er sich sicher und stark fühlte, wo er genau wußte, daß man ihn nicht mit nassen Fetzen vom Feld jagen würde, wenn einmal eine seiner Aktionen ins Auge und damit ins Tor gehen würde.

Ansonsten war Konrad stets viel unspektakulärer, ruhiger und überlegter, als sein Ruf als spontaner Showman vermuten ließe. Er selbst sagt: „Ich bin ein Produkt der Medien." Aber das stimmt nicht ganz. Otto Konrad wurde und wird meist so dargestellt, wie er nach außen dargestellt werden möchte, weil er schon als ganz junger Spieler gelernt hat, mit den Medien zu arbeiten und vor allem auch die Medien für sich arbeiten zu lassen.

Showmaster ist bei ihm deshalb wohl angebrachter als Showman.

Otto Konrad: Führungsfigur mit lautem, aggressivem Stil. Rastet aus, wenn einer nicht mitzieht.

Er begreift sein Berufsfeld einfach als Teil einer gewaltigen Unterhaltungsindustrie und liefert dieser jene Elemente, die seiner Meinung nach dazugehören. Das reicht vom lendenlockeren Lambada bei der Cornerfahne bis zum rhetorisch perfekt antrainierten Auftreten im Licht der Scheinwerfer.

Sogenannte typische Tormann-Marotten hat Konrad nicht. Sein Kapperl mit den aufgestickten Elefanten ist ein Urlaubsmitbringsel aus Thailand, hat für ihn aber nur die Bedeutung, daß es ihn an den ersten gemeinsamen Urlaub mit seiner Frau erinnert. Seine grellen Tormannleibchen haben einen farbenpsychologischen Hintergrund. Signalfarben reflektieren bei Flutlicht, und es ist erwiesen, daß etwa ein unter diesen Bedingungen auf den Tormann zulaufender Stürmer eher auf den Lichtreflex schießt als dorthin, wo der Ball eigentlich hin sollte. Das heißt: Mit gelben oder orangen Leibchen kann ein Tormann einen Stürmer beeinflussen und irritieren. Diese psychologischen Untersuchungen waren übrigens auch ein Hintergrund, warum Austria Salzburg auswärts auf die aggressiven, grün-gelben Dressen umstieg. Daß das so nebenbei die Fanshop-Produktpalette bereicherte, störte nicht wirklich.

Eines gibt es bei Konrad, das auf den ersten Blick Kopfschütteln verursacht. Er geht vor jedem Match nach dem Aufwärmen zehn Minuten vor Spielbeginn duschen und zieht sich vorm Einlaufen frisch an. Aber auch das passiert nicht aus Aberglauben, sondern aus praktischen Gründen: „Beim Einschießen vor dem Spiel schwitze ich wie ein Palmesel, bin danach meistens voller Sand, und den will ich vor dem Spiel ganz einfach wieder weghaben."

Ein Spinner ist Otto Konrad also ganz und gar nicht. Wilfried Silli, Sportchef der „Steirerkrone" und in Graz praktisch Nachbar des Tormannes, glaubt genau zu wissen, was er dann ist: „Konrad ist in jeder Sekunde Otto." Lesen Sie in den folgenden Kapiteln, was das heißt.

GROSSER MANN GANZ KLEIN

Ein Fußball spielender Otto in der Familie war der jungen Margit Konrad genug, weshalb sie 1965 in Laßnitzhöhe bei Graz am Spielfeldrand auf den acht Monate jungen Otto junior im Kinderwagen zeigte und ihrem wieder einmal ziemlich blessiert daherhumpelnden Gatten mit einer gewissen Deutlichkeit im Ton eröffnete: „Und eines sage ich dir schon jetzt. Der Bub wird sicher nie ein Fußballer."

Zehn Jahre später schrieb der zuständige Lehrer der Sporthauptschule Bruckner in Graz einen Brief an die Eltern von Otto Konrad: „Es wäre gut, wenn Sie für den Buben eine andere Schule suchen würden, für unsere taugt er sportlich leider nicht."

Und noch einmal sechs Jahre später brach für Otto Konrad senior eine kleine Welt zusammen, als ihm der Bub – bis dahin in den diversen Nachwuchstruppen des Grazer Sportklubs abwechselnd Torjäger und Torhüter – eröffnete: „So, Papa. Und ab heute spiele ich nur noch im Tor." Das traf den Vater, einen ehemaligen Stürmer bei Laßnitzhöhe, Sturm und Pachern

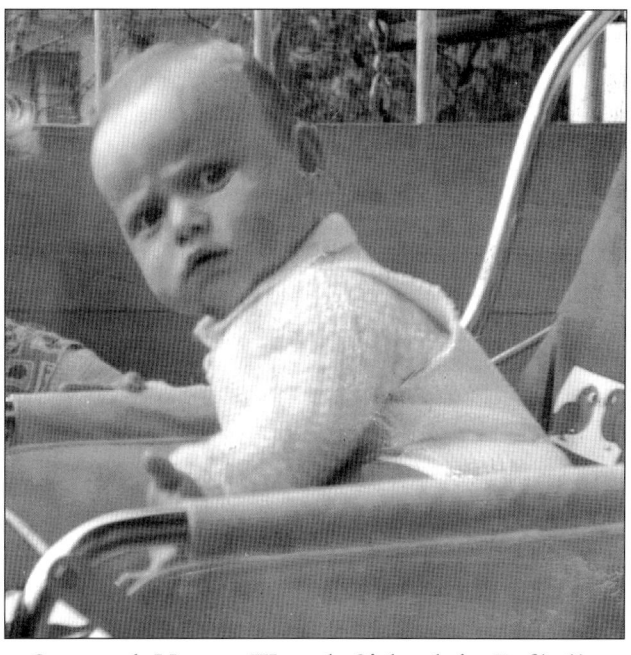

Otto nach Mutters Wunsch: Sicher kein Fußballer

ins Mark, denn eines glaubte er über seinen Filius ziemlich genau zu wissen: „Dieser kleine Stoppel hat im Tor wohl keine große Zukunft."

Drei Prognosen, drei Irrtümer. Nur die Volksschullehrerin des kleinen Otto sollte recht behalten, als sie Mutter Konrad wegen des Zehnjährigen

Der Kleinste stand im Tor: Otto Konrad (vorne Mitte) mit seinen vergleichsweise hünenhaften Kickerkollegen

Otto mit Mutter: Der Bub kommt immer durch

beruhigte: „Er hätte das Zeug fürs Gymnasium, aber wahrscheinlich nicht das Sitzfleisch. Aber machen Sie sich um diesen Buben bittschön keine Sorgen. Der wird sich im Leben immer durchbringen."

Otto Konrad wurde am 1. November 1964 als der heißersehnte Sohn von Otto und Margit Konrad geboren. Und trotz mütterlicher Einwände wurde der Ball rasch sein bester Freund. Wenn sich der Bub nicht ohnehin auf der Spielwiese hinter dem Haus in der Schönausiedlung austobte, bombardierte er per Kopf die Wände im Vorraum der elterlichen Wohnung. Am Höhepunkt der Ballverliebtheit stand sogar ein Tischtennistisch im Kinderzimmer, das Otto mit seiner älteren Schwester Helene teilte, und die erinnert sich noch ganz genau: „Bis zum Einschlafen hatte der Otto immer irgendeinen Ball neben sich."

Der Bub hatte also die Voraussetzungen, mit denen sein Vater ein Stück eigener verlorener Kindheit aufarbeiten konnte: „Ich hatte mir gemerkt, was mir als Bub wehgetan hatte, was ich nicht tun durfte, weil ich sehr früh sehr viel arbeiten mußte. Und ich wollte die Fehler meines Vaters bei Otto ausmerzen." Daß Otto Konrad senior die eigene, etwas zu klein geratene Fußballerkarriere im Buben unter besseren Bedingungen nachleben wollte, wird aber von Vater wie Sohn heftig dementiert. Der Vater sagt: „Ich habe ihn immer nur unterstützt, aber nie zu etwas gezwungen."

Die Form der Unterstützung war für Otto junior in jedem Fall paradiesisch: Als Jugendleiter des Grazer Sportklubs teilte der Herr Papa an manchen Wochenenden die Spiele so ein, daß der Bub gleich zweimal zum Spielen kam. Als Stürmer am Samstag, als Torhüter am Sonntag. Und Konrad Vater bekommt heute noch, nach allem was Konrad Sohn im Tor geleistet hat, glänzende Augen, wenn er erzählt, wie der Bub im Liebenauer Stadion einmal bei einem 12:1-Sieg neun Tore geköpfelt hat.

Im Tor zeigte der junge Otto schon als Bub Charakteristika, die ihn durch seine ganze Karriere begleiten sollten. Sein Vater erinnert sich: „Beim Grazer Sportklub hat er sich eine Zeitlang nach jedem Gegentor umgedreht, und die Tränen sind ihm über die Wangen gekullert." Dazu muß man wissen: Konrad war fast seine gesamte Jugend lang sehr kleingewachsen. Die Kerben am Türstock der Balkontür, die den Eltern als Wachstumsanzeiger dienten, blieben sehr lange in sehr überschaubaren Höhen. Es kann durchaus sein, daß der ungeheure Ehrgeiz, der später den Profisportler auszeichnete, in diesen jungen Jahren so ausgeprägt wurde, indem es der Kleine allen Großen immer wieder zeigen mußte. Und zwar nicht nur, daß er gut war, sondern daß er trotz seiner Größe gut war. Sogar als Konrad mit knapp 18 Jahren zu Sturm kam, maß er gerade erst 1,77 Meter.

Zwei Ottos beim Kuscheln: Immer nur unterstützt

Jung-Otto als Gipfelstürmer auf dem Speikkogel

Zum Vergleich: Uli Stein, früherer deutscher Teamtorhüter und bei der Entscheidung im Frankfurter Elferkrimi im März 1994 Konrads direkter Rivale, schreibt in seiner Autobiographie „Halbzeit" über jene Zeit, als er von seinem großen Bruder zum Fußballspielen mitgenommen und wegen seiner Kleinwüchsigkeit von den anderen nur geringschätzig behandelt worden war: „Exakt mit dieser Bemerkung begann das, was mir später viele Trainer, Arbeitgeber, Kollegen und nicht zuletzt die Medien als Besessenheit und krankhaften Ehrgeiz auslegten. Schon als Junge ertrug ich es nicht, wenn sich jemand so über mich äußerte. Der Satz, der zur Lebenshaltung wurde, brannte mir fortan auf der Seele: Wartet bloß ab, euch zeig ich's." Und weiter: „Bei jedem Gegentor heule ich. Jedes Ding in den Maschen betrachte ich als persönliche Beleidigung."

Der kleine Otto bekam in seinen jungen Jahren aber nicht nur diesbezüglich ganz entscheidende Prägungen. Auch in anderen Bereichen, die ihn heute als Persönlichkeit kennzeichnen, finden sich in der Jugend bereits markante Spuren. Um seinen Heißhunger nach Schokolade zu stillen, betätigte er sich schon in ganz jungen Jahren quasi als innerfamiliäres Dienstleistungsunternehmen und räumte gegen süßes Entgelt für seine Schwester das Zimmer auf. Diesen Service dehnte Otto später auch auf außerhalb der Familie aus, indem er bei Trainingslagern in Schileiten für ähnliche Dienste von jenen nahm, denen es wohlhabende Eltern reichlich hineinstopften. Er begann in noch sehr kindlicher, aber doch schon unmißverständlicher Form früh das Wesen der Leistungsgesellschaft zu begreifen, lehnte Bequemlichkeit für sich ab, weil ihm bald klar war, daß er nichts von dem, was er erträumte, ohne Arbeit, Anstrengung und Kampf bekommen würde. Aber er begann auch zu spüren, daß er mit diesen Bemühungen in diesem System ziemlich weit kommen könnte. Nicht nur schokomäßig.

Vor allem aber kapierte dieser junge Mann, daß er mit dem Fußballsport den Weg dorthin ganz entscheidend verkürzen konnte. Aber er verließ sich nicht darauf, sondern sicherte sich gleichzeitig beruflich ab.

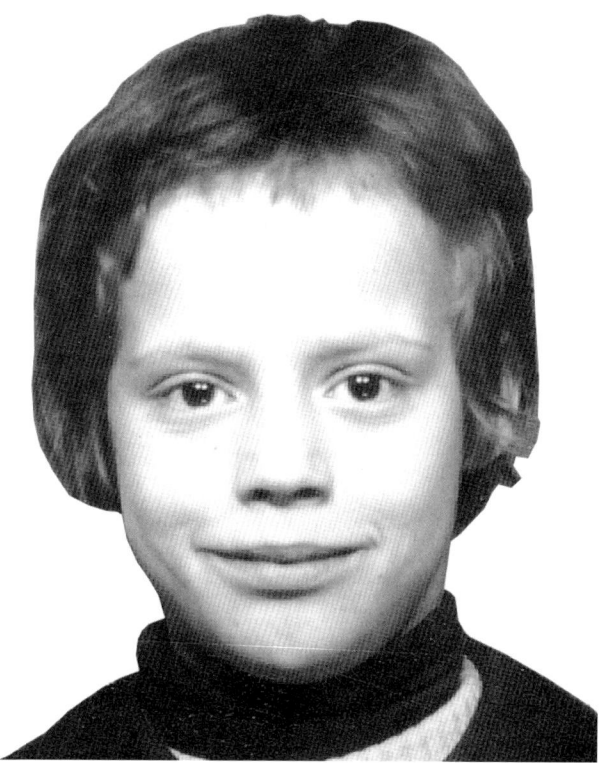

Otto, der süße Kerl: Zimmerputz für Schokoschnecken

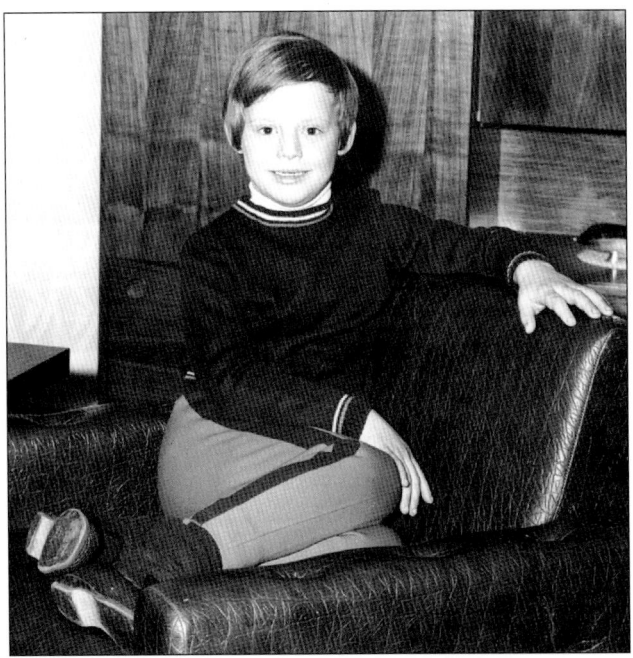

Otto, die Pose: Früh geübt ist halb gewonnen

Dieser Wesenszug, nicht nur an morgen, sondern auch schon an übermorgen zu denken, diese Absicherung nach allen Seiten, das ist bis heute eines der charakteristischsten Merkmale des Otto Konrad geblieben. Damals jedenfalls ging Klein-Otto seinen Vater oft in der Firma Schmidl besuchen, wo der als Bandagist arbeitete. Und später, als ihm der Papa ebendort eine Lehrstelle verschafft hatte, betrachtete er das nicht als lockere Scheinarbeit, sondern vertiefte sich aus Interesse und mit unglaublichem Eifer in die Materie. Daß ihn sein Vater manchmal durch die Hintertür heimlich zum Vormittagstraining entließ, ist eine läßliche Sünde angesichts dessen, was der Sportwelt entgangen wäre, wenn Otto Konrad aus diesem Grund nicht zu ihr gestoßen wäre.

Sportlich bekam Konrad, obwohl er erst bei Sturm so etwas wie ein gezieltes Tormanntraining genießen konnte, durch seine zwischen Feldspieler und Tormann, Fußball- und Handballgoalie zerrissene sportliche Existenz vieles mit auf den Weg. Im Handballtor schulte er sein Reaktionsvermögen, und nicht nur er, sondern einige prominente Kollegen widerlegen die Theorie, daß sich Hand- und Fußballtor nicht vertrügen. So war der frühere deutsche Teamtormann

Otto, die „Zimmerhilfe" für seine Schwester

Wolfgang Fahrian ein ebenso guter Handballgoalie wie Konrads Frankfurter Elfmeterrivale Uli Stein oder der legendäre Schwede Ronnie Hellström. Ottos Feldspielerqualitäten (beim Grazer Sportklub war er einmal im selben Jahr in der U 17 Torhüter und in der U 15 Schützenkönig) kamen ihm später nicht nur bei seinen riskanten Einlagen und wichtigen Toren zugute. Ein Tormann, der mit dem Fuß nichts kann, ist heute im Spitzenfußball undenkbar geworden. Auch bei den „Zerrissenen", die lange nicht wußten, ob sie im Tor drinnen oder auf dem Feld draußen spielen sollten, gibt es prominente Vorgänger Otto Konrads. Der frühere Schweizer Teamgoalie Erich

Klein-Otto, gerade drei Kommunionskerzen hoch

Burgener etwa, den sein damaliger Trainer Blazevic im Waadtländer Derby Servette Genf gegen Lausanne sogar einmal als Mittelstürmer aufstellte, weil die Angreifer nicht trafen. Burgener schoß zwar den Treffer zur 2:1-Führung, sein Stellvertreter im Tor kassierte aber an diesem Abend insgesamt sieben Stück. Experiment beendet. Oder Ivo Viktor, mit der CSSR 1976 Europameister. Der nur 1,77 Meter große Keeper war bei Spartakus Sternberg als Stürmer unter Vertrag, ehe ihn Dukla Prag als Ersatzgoalie verpflichtete. Als Tormann wurde er dann fünfmal Spieler des Jahres in der CSSR, spielte 65 Mal in der Nationalmannschaft und kam sogar in der Weltauswahl zu Ehren.

Der Grund, warum Otto Konrad als Bub überhaupt ins Tor ging, war einfach: „Damals stand beim Aufwärmen der Tormann immer in der Mitte, die Spieler im Kreis um ihn herum und haben ihm eingeschossen. Das hat mir gefallen, und ich wollte derjenige sein, der da drinnen im Mittelpunkt steht." Den Grund, warum Otto Konrad sich später entschloß, nur noch im Tor zu spielen, erläuterte er seinem enttäuschten Vater anno 1979 so: „Schau, Papa, es nützt mir gar nichts, wenn ich vorne die Tore mache, und hinten kriegen wir dauernd eines mehr." Und da verstand der Vater. Bei dieser Rechnung kam nämlich unterm Strich immer Verlieren heraus, und das konnte der Bub so gar nicht vertragen.

Otto, die Fotomontage: Das war noch keine Vorstufe zum Duschen vor dem Match

STURM UND DRANG

Für 20.000 Schilling und zwei Spieler wechselte der 17jährige Konrad 1981 zu Sturm, nachdem sein Vater beim Grazer Sportklub als Funktionär den Hut draufgehaut hatte. Ein Jahr später wurde ein Mann bei Sturm Trainer, der einen guten Tormann auf den ersten Blick erkannte: Gernot Fraydl, Ex-Teamtorhüter mit erfolgreichen Stationen beim GAK, der Wiener Austria (zweimal Meister und Cupsieger), Innsbruck, Bregenz, in der US-Liga bei Philadelphia und St. Louis, bei Hertha BSC, 1860 München (als Nachfolger von „Radi" Radenkovic) und am Schluß bei der Vienna: „Er war noch lange nicht so weit, aber ich habe gesehen, das wird einer. Otto war ein verbissener Trainierer und hat sich unglaublich schnell weiterentwickelt. Manchmal habe ich von Monat zu Monat regelrechte Verbesserungsschübe bei ihm bemerkt. Und obwohl er zu meiner Zeit überhaupt nicht aufgemuckt und sich brav untergeordnet hat, habe ich damals schon gesehen: Dieser junge Bursch wird kein Zweier, das wird ein Einsertormann."

Walter Saria: Sah anfangs wenig Talent beim Jungspund Konrad

Dabei war Otto in seinem ersten Sturm-Jahr körperlich immer noch ein „Hendl", und der damalige Stammtorhüter der Grazer, Walter Saria, war vom Jungspund nicht besonders angetan: „Der war beim Tormanntraining auf einmal da, und mein Eindruck war, daß er das nicht wegen seines Riesentalents, sondern eher durch die Hilfe seines Vaters war." Der damalige Cotrainer Robert Pflug schien von Jung-Otto auch nicht viel zu halten, denn sonst hätte er ihn wohl nicht mit den Worten „Du bist ein Schweinstormann" sogar vom Training fort nach Hause gejagt.

So etwas brannte sich beim Gedemütigten ein: „Pflug war wahrscheinlich eine der entscheidendsten Personen in meiner Karriere, weil er mich mit seiner Art im Training fast zum Weinen gebracht hat", sagt Konrad heute. Der inzwischen 18jährige entwickelte daraufhin einen Ehrgeiz, den ihm kaum jemand zugetraut

Der Hüne und das Hühnchen: Otto Konrad schob erst im zweiten Sturm-Jahr körperlich so richtig an.

hätte. Weil es ihn unglaublich ärgerte, daß er beim Training immer schon die fünfte Hürde warf, ging er Nachmittage lang solo ins Liebenauer Stadion Hürdenlaufen trainieren. Denn er hatte schon längst beschlossen, sich von Hindernissen nicht aufhalten zu lassen.

Die menschlichen Hürden, die vor ihm standen, hießen zu dieser Zeit Harry Rampitsch und Franz Schober und waren hinter dem unumstrittenen Saria die Torhüter Nummer 2 und 3 bei Sturm. Als Konrad im September 1983 durch Verletzungen von Saria und Rampitsch erstmals von Beginn an spielte, ging er danach zu Sturm-Funktionär Edi Sram und forderte frech einen eigenen Garderobekasten – so wie die Stammspieler. Saria erinnert sich: „Rampitsch und Schober hat er relativ schnell verbissen. Otto hatte schon als Junger einen unbändigen Ehrgeiz, zu Macht, Ruhm und Geld zu kommen, und man hatte gelegentlich den Eindruck, daß ihm dafür fast jedes Mittel recht war. Beim Tormanntraining ist er zu seinen Rivalen manchmal so hingegangen, daß man dabei schon fast eine Verletzungsabsicht vermuten konnte."

Dieser junge Bursche hatte etwas, das ihn bei seinen Kollegen zwar nicht sehr beliebt machte, ihn aber recht flott vorwärts brachte: das Ziel, nach oben zu kommen, den Ehrgeiz, darum zu kämpfen, die Disziplin, sich selbst zu schinden und keine Skrupel, die vor ihm aus dem Weg zu räumen. Und Konrad probierte das nicht bei irgendeiner Truppe, sondern in einer Mannschaft, die nach dem Ausschalten von Sportul Bukarest, Hellas Verona und Lok Leipzig im UEFA-Cup-Viertelfinale gegen Nottingham Forest stand, wo damals Kapazunder wie Hans van Breukelen oder Gary Birtles spielten. Wie stark die Willenskraft des Emporstrebenden war, zeigt ein Beispiel: Konrad legte zusätzlich zum Training allein Laufschichten ein, und als er sich wieder einmal völlig verausgabt hatte, schaute er in den Sternenhimmel, wo gerade ein Flugzeug flog: „Wenn es nach Nottingham geht, sitze ich drinnen, nicht Rampitsch."

Robert Pflug: Schickte Konrad vom Training weg.

Konrad saß dann auch drinnen, und er wollte jetzt noch höher hinaus. Als er im August 1984 den verletzten Saria vertrat und seine Meisterschaftspremiere feierte, schrieb die „Kleine Zeitung": „Und wenn man dem noch nicht einmal 20jährigen zuhört, dann weiß man schon, bevor er es selbst erzählt: Er rüttelt ganz gewaltig am Denkmal namens Walter Saria." Der aber war für Otto – vorläufig – außer Reichweite. Hermann Stessl, der im September 1984 Sturm-Trainer wurde, erinnert sich: „Es war schon klar zu erkennen, daß er ein guter Tormann wird, aber ihm fehlte noch die Ruhe. Der hat aber regelrecht gescharrt, daß er drankommt, hat durch seinen Einsatz im Training verlangt, daß er spielt. Ständig hat er signalisiert, was der Saria kann, kann ich auch, war manchmal fast am Explodieren, hatte sich aber so weit unter Kontrolle, daß es nicht unangenehm wurde."

Das bestätigt auch Saria: „Mir gegenüber war er immer loyal, kollegial und freundlich. Er hat aber auch gewußt, daß er mich nicht angreifen kann, denn ich war zu der Zeit immerhin Teamaspirant." Kleine Bisse brachte Otto gelegentlich dennoch an. Als Saria im November 1985 seinen Eltern beim Wohnzimmerumbau half und sich dabei den Daumen schwer verletzte, wurde Konrad in der „Steirerkrone" mit dem Sager zitiert: „So etwas tut man eineinhalb Tage vor einem Spiel auch nicht." Saria sah ihm das nach, aber der ganz oben, der alles sieht, alles hört und sich alles merkt, der für schnippische Ansagen das Tapperl aufs freche Goscherl gibt, vergaß es nicht und ließ Konrad nicht einmal ein Jahr später kurz vor dem Grazer Derby gegen den GAK beim Kegeln ausrutschen und sich einen mächtigen Bluterguß im Knie zuziehen.

Bei Sturm war die Situation aber nicht wegen diverser Tormanngeplänkel zum Zerreißen gespannt, sondern weil sich die Mannschaft vom Schock des unglücklichen Ausscheidens gegen Nottingham durch einen Witzelfer im Retourspiel nie mehr erholte. Nach Fraydl, der in seiner Amtszeit inklusive der Europacupspiele nur ein Heimspiel verloren hatte und bei seiner Ablöse nach 14 Runden an der Spitze immer noch auf Platz vier lag, ging nichts mehr. Robert Pflug war genau fünf Monate Cheftrainer, Hermann Stessl immerhin neun, der auf ihn folgende Ivan „Djalma" Markovic, der kroatische Fußball-Gelehrte, unter dessen Fittichen sich beim NK Zagreb Bozo Bakota, Slavko Kovacic und Zelimir Stincic entwickelt hatten, durfte gerade vier Monate bleiben. Er sorgte in dieser Zeit bei den Spielern für Kopfschütteln, indem er die Laschen aus den Fußballschuhen schnitt („die stören nur"), Markerl aus den Dressenleibchen riß und eigenhändig Stollen zuschliff, und er wurde auf die bis heute wohl kurioseste Weise gefeuert: In der 60. Minute des Heimspiels gegen SAK verkündete Obmann Alois Paul beim Stand von 0:2 via Platzsprecher Fans, Journalisten und der Mannschaft:

> „Die Mittel, mit denen sich Otto hinter mir gegen seine Konkurrenten durchsetzte, waren nicht kollegial, aus der Sicht eines erfolgreichen Geschäftsmannes aber natürlich zulässig."
> **Walter Saria**

„Markovic ist abgelöst." Für ein paar Monate bestieg nach dem kroatischen Fußball-Philosophen Franz Mikscha den heißesten Trainersessel Österreichs, ehe jener Mann bei Sturm das Kommando übernahm, der Geburtshelfer zu Konrads großer Karriere werden sollte: Walter Ludescher.

Der wollte ursprünglich um ein Gerüst verdienter älterer Spieler wie Andi Pichler, Gernot Jurtin und eben auch Tormann Walter Saria junge Spieler einbauen, machte das aber dann recht rasch ohne das geplante Gerüst. Der erste, der auf der Strecke blieb, war Saria: „Für mich war bald klar, daß Otto mein Tormann war. Er hatte gegenüber Saria den Vorteil, bei Flanken besser herauszukommen, und beim Fangen hat er sich von allen anderen Torhütern abgehoben. Ich hatte das von Leopold Stastny gelernt, daß der Ball beim Tormann bleiben muß – und bei Otto ist der Ball öfter als bei allen anderen geblieben", begründet Ludescher, warum er das Tormann-Denkmal Saria für Konrad abbaute. Der Betroffene sah das naturgemäß anders: „Ich glaube, für Otto wäre es besser gewesen, wenn er noch ein Jahr abwechselnd mit mir gespielt hätte, aber er konnte es nicht mehr erwarten. Ich muß sagen, daß er mir gegenüber trotzdem nie unfair war, er hat nur mit allen Mitteln gekämpft, und die meisten davon gestehe ich ihm zu, weil die heute notwendig sind, um weiterzukommen." Konrad wundert sich jedenfalls noch heute, daß Walter Saria damals praktisch kampflos das Einserleiberl übergab. Aber der wußte ganz genau, daß die Zeit gekommen war für den neuen Typ Fußballer, einen wie Otto eben: „Ich war selbst ein zu ruhiger und braver Spieler und bin heilfroh, daß ich von 1975 bis '85 gespielt habe und nicht von '85 bis '95. Das System hätte mich aufgefressen, bevor ich aus Geld gekommen wäre, das ab dieser Zeit im Fußball zu verdienen war."

Konrad jedenfalls kam jetzt endlich aus den Startlöchern, in denen er so lange gescharrt hatte:

Otto Konrad gegen Walter Saria: Denkmalsturz erst, als Walter Ludescher bei Sturm Trainer wurde

Michael Paal: Nützte während Konrads Verletzungspause die Chance, unter Ludescher hatte er trotzdem keine.

1981 hatte er noch fahnenschwingend und mit Tränen in den Augen vom Stehplatz aus Sturm den Titel verfehlen gesehen, jetzt, fünf Jahre später, war er mit 21 Jahren die Nummer 1. Und das wollte er unter allen Umständen bleiben. Schon damals begann er damit, woran in den Jahren danach viele seiner Ersatzleute verzweifeln sollten: auch mit diversen Wehwehchen zu spielen, um den Zweier ja nicht an die Schüssel zu lassen. So verschwieg er im September 1986 Ludescher nach oben erwähntem Kegelunfall auch eine Woche lang, daß er wegen des Blutergusses im Knie dasselbe fast nicht abbiegen konnte, lief im Derby gegen den GAK ein und wurde zu einem der Matchwinner, als Sturm die Partie nach 0:2-Rückstand noch in einen 3:2-Sieg verwandelte. GAK-Trainer Dolfi Blutsch sagte damals: „Hätten wir Tormänner getauscht, hätten wir 5:0 gewonnen." Worte, die Konrad wie Honig runtergingen, denn nicht immer war er in seinem ersten Jahr als Nummer 1 unumstritten – vor allem nicht, als Saria den Hut draufhaute und Sturm verließ. Als sich Konrad danach ein paarmal nicht gerade auszeichnete, geriet er gemeinsam mit Trainer Ludescher und der Klubpolitik auch schnell in die Kritik. Aber selbst einer, dessen Uhr bei Sturm abzulaufen begann, konnte sich ein Kompliment für die jungen Löwen nicht verkneifen. Kapitän Pichler meinte: „Für uns Alte ist's nicht leicht. Die jungen Herren gehen ganz schön zur Sache, und Konrad geht kerzengerade seinen Weg – viel Ehrgeiz, ein Riesen-Selbstvertrauen. Wenn der nicht durch eine Verletzung gestoppt wird, könnte er ein ganz großer Keeper werden."

Aber gerade Verletzungen waren es, die dem jungen Tormann kurz nach der Ernennung zur Nummer 1 die schwersten Dämpfer versetzten. Zu Weihnachten 1986 kündigte ihm seine Privatversicherung per 31. Dezember, nachdem im linken Knie ein Muskeleinriß festgestellt worden war – Ottos sechste Verletzung in sechs Monaten war den Versicherern zuviel gewesen.

Otto Konrad: Volle Kraft voraus auf dem Feld und bei der Karriere - da konnten die anderen nicht mit.

Ein Schicksal, das übrigens auch schon den Torhütern Erwin Fuchsbichler und Harald „Toni" Schumacher widerfahren war – und auch Konrad später noch einige Male ereilte.

Neun Monate später kam aber noch viel schlimmere „Post" für Konrad, und zwar im Spital, nachdem er unmittelbar vor Saisonstart bei einem Waldlauf umgekippt war: drei Bänder im Sprunggelenk gerissen, mindestens ein halbes Jahr Pause. Nicht nur für den Verletzten, auch für Sturm war das eine fatale Botschaft. Denn dem im Sommer aus Donawitz zurückgeholten Michael Paal, erst 20 Jahre jung, traute keiner zu, für Konrad einspringen zu können. Deshalb wurde Walter Saria, im Frühjahr im Groll abgegangen, zu einem Blitzcomeback überredet, das sich aber ganz anders gestalten sollte, als sich das die Sturm-Bosse und Trainer Ludescher vorgestellt hatten. Denn Saria sagte: „Ich komme, aber als Nummer 2, denn ich bin überzeugt, daß Paal seine Sache gut macht." Eine Haltung, in der wohl auch eine gewisse Konrad-Aversion erkennbar war, denn Saria hatte es beim ersten Sturm-Engagement des ihm vom Wesen her verwandteren Paal im Jahr 1985 gar nicht goutiert, wie sich Konrad den Rivalen vom Leib gehalten hatte: „Michi war ein ganz ruhiger Kerl, viel zu brav für den Otto. Den konnte er ausbremsen."

Jetzt wollte es die Schicksalsgemeinschaft der „Konrad-Geschädigten" dem Emporstrebenden zeigen. Paal nützte diese Chance und spielte eine sehr gute Herbstsaison. Und als sich Konrad im Winter retour meldete, schien Paal knapp vor Anpfiff der Frühjahrssaison 1988 das Duell um die Nummer 1 kampflos gewonnen zu haben. Denn im Training vor dem Auftaktspiel gegen Vienna schoß der junge Franz Aigner Konrad so unglücklich an, daß der mit einer Blutung in der Augenkammer ins Spital mußte. Hätte der Sturm-Trainer nicht Ludescher geheißen, wäre Konrad nach seiner Genesung wohl nicht mehr so schnell im Tor gestanden. Ludescher aber teilte Paal vor dem Spiel gegen den Wiener Sportklub drei Wochen später mit: „Michl, ich weiß nicht warum, aber morgen spielt der Otto." Eine für alle außer den Trainer unfaßbare Entscheidung. In der Steirerkrone sah sich Sportchef Wilfried Silli daraufhin zu folgender Diagnose veranlaßt: „Für zehn Sturmspieler mag Walter Ludescher Trainer sein. Für den elften ist er aber offenbar doch nur Partei. Weil der Sturm-Trainer das Tormannproblem am Jakominigürtel allemal nur so zu lösen pflegt: Lass' ich den Otto spielen, oder lieber den Konrad?" Dabei war intern ausgemacht gewesen, daß der Tormann, der im Frühjahr als Nummer 1 beginnt, diesen Status behalten sollte – in dem Fall wäre das Paal gewesen.

Aber Ludescher, der sein Festhalten an Konrad immer als „Gefühlssache" verteidigt hatte, behielt recht. Denn von dem Tag an, an dem der Trainer die Moral des Konrad-Rivalen gebrochen und ihn „auf dem Heldenfriedhof des Otto Konrad geopfert hatte" (Krone-Mann Silli), brachte Lu's Liebling jede Kritik zum Verstummen, hielt in besagtem Spiel gegen den Wiener Sportklub gleich einen Elfer, schüttelte danach mit zahlreichen ausgezeichneten Partien den Ruf des Günstlings endgültig ab und begann sich als fixe Größe bei Sturm zu etablieren. Über diese Zeit sagt Otto Konrad heute: „Ich habe damals manchmal selbst nicht verstanden, warum Ludescher mich aufgestellt hat und nicht Paal. Aber ich habe den Bonus, den ich bei diesem Trainer zweifellos hatte, eben auch jedesmal genutzt, wenn es für ihn und mich darauf angekommen ist."

Walter Ludescher: Spielt Otto oder Konrad?

Wie kritisch auch immer Rivalen und Beobachter Konrads Weg zur Nummer 1 im Sturm-Tor beurteilen, eines gestehen ihm alle zu: Durchgesetzt hat er sich letztlich selbst, weil er zwar – wie auch Paal – neben dem Fußball arbeitete, aber diesen Sport nicht als Hobby oder Zweitberuf, sondern als große Chance betrachtete und deshalb vielleicht um die entscheidende Spur verbissener auf diese hinarbeitete. Weil er Rück- und Niederschläge sich selbst gegenüber mit derselben Härte verarbeitete, die er nach außen seinen Konkurrenten gegenüber an den Tag legte. Für Konrad war der Sport, wie er ihn von Anfang an begriff, die ideale Möglichkeit, um aus der Masse zu treten und das persönliche Lebensabschnittsziel zu verwirklichen. Dieses Ziel sah bei Otto Konrad anders aus als bei seinen Rivalen, denn schon damals wußte er: Mit der Position, nur einer von elf Spielern zu sein, konnte er sich auch dann nicht zufriedengeben, wenn ihm die Nummer 1 sicher war. Er wollte Talent und Trainingsfleiß dazu nützen, um mehr zu werden als lediglich ein statistischer Faktor der Fußballgeschichte. Er wollte seinen Teil der Geschichte selbst schreiben, um sich mit Glanz, Glorie und am Ende auch mit genug Geld in der Tasche als etwas Besonderes in derselben verewigt zu sehen.

Daß sich Otto Konrad, das egozentrische Karriere-Kraftwerk, gegen die kollegialen Kumpeltypen Walter Saria und Michael Paal durchsetzte, war demnach nur logisch. Und daß bei einem Leben auf der Überholspur keine Zeit bleibt, sich den Menschen im Konkurrenten etwas genauer anzuschauen, war für Konrad als Preis für den Erfolg durchaus akzeptabel.

JUNGER HIDEN UND WEISSER MILLA

1984, als Sturm gegen Nottingham Forest im Viertelfinale aus dem UEFA-Cup geflogen war, war Otto Konrad als Ersatzgoalie hinter Saria nur Zuschauer gewesen. Vier Jahre später stand er bei Sturms Rückkehr in den Europacup bereits als Hauptdarsteller auf der internationalen Bühne. Servette Genf hieß der Erstrundengegner der Grazer, und das erste Spiel im Stade Charmille von Genf geriet zu einem der beeindruckendsten Spiele in der Karriere des damals knapp 24jährigen. An der ersten Flanke segelte er noch schauerlich vorbei, doch ab diesem Moment wuchs Konrad zum Turm in einer legendären Abwehrschlacht. Das hochkarätige Genfer Angriffsduo Karlheinz Rummenigge und John Eriksen (Gewinner des Silbernen Schuhs als zweitbester Torschütze Europas) verzweifelte am jungen Keeper, und es bedurfte eines Tausendguldenschusses von Fredy Grossenbacher in der 91. Minute, um den phantastischen Konrad doch noch bezwingen zu können.

Der Züricher Tages-Anzeiger verschmolz am nächsten Tag gleich die beiden besten Keeper der EM 1988 in Deutschland zu einem Mann – Otto Konrad: „Er war an diesem Abend Dassajew und van Breukelen in einem. Dassajew in der Art, wie er auf der Linie mit Reflexen glänzte. Van Breukelen, so wie er seinen Strafraum mit aggressivem Stil beherrschte." Michael Kuhn, Sportchef der Kronen Zeitung und ORF-Kommentator der Partie in Genf, blieb mit seinen Vergleichen zwar im Land, was aber nicht heißt, daß sie weniger schmeichelhaft ausgefallen wären. In der „Krone" stellte er Konrads Leistung mit der von Gernot Fraydl beim legendären 1:0-Sieg Österreichs 1961 in Moskau gegen die Sowjetunion gleich. Und im Fernsehen entfuhr ihm spontan: „Da spielt der junge Rudi Hiden." Das war immerhin der Wunderteam-Goalie der 30er-Jahre gewesen – Grazer wie Konrad, Elferkiller wie Konrad, populär wie Konrad. In der Schule hatten damals Kinder zwei Kanzlerautogramme gegen eines von Rudi Hiden

Konrad gegen „Silberschuh" Eriksen in Genf: Da spielt der junge Rudi Hiden

getauscht. Jedenfalls begeisterte Otto Konrad an diesem 7. September 1988 Freund und Feind. Genf-Trainer Jean-Claude Donzé kam in die Sturm-Kabine, um ihm zu gratulieren, und sprach zu Sturm-Boß Alois Paul: „Ein unglaublicher Tormann. Gebt ihn uns fürs Rückspiel, und wir sind in der zweiten Runde." Das schafften die Schweizer dann aber auch ohne Tormanntausch mit einem 0:0 in Liebenau.

Mit seinen Glanzparaden im Hinspiel hatte Konrad das Trainerleben seines Mentors und väterlichen Freundes Walter Ludescher noch um ein paar Tage verlängern können. Bei einer Niederlage mit drei Toren Differenz, die ohne Ottos Traumtag mehr als wahrscheinlich gewesen wäre, hätte Sturm den Trainer sofort vor die Tür gesetzt. So passierte das kurz darauf, noch vor dem Rückspiel, denn die Grazer waren in der Meisterschaft inzwischen Letzter, und nach einem sehr kurzen Intermezzo von Cotrainer Manfred Steiner übernahm Otto Baric nach sechseinhalb Jahren am Jakominigürtel wieder das Kommando. Für Ludescher und Konrad war der Zeitpunkt der Trennung schmerzlich. Ausgerechnet in dem Jahr, in dem der junge Tormann seinem Förderer den Vertrauensvorschuß reichlich zurückgab, mußte dieser gehen. Aber Konrad vergaß nie, was Ludescher für ihn getan hatte. Als er statt Franz Wohlfahrt als dritter Tormann zur WM 1990 nach Italien mitgenommen wurde, schrieb er von dort eine Karte ins kärntnerische Grafenstein, Ludeschers Heimatort, auf der doppelt unterstrichen „Danke!" stand. Ludescher und Gustl Starek waren auch die einzigen Trainer, die Konrad im Frühjahr 1992 zu seiner Hochzeit einlud.

Und Trainer hatte er in seinen Sturm-Jahren wahrlich genug. Denn auch Otto Baric blieb nur acht Monate, konnte auch durch eine Sympathiekundgebung der Spieler, die mit einem Transparent „Otto – wir

Otto, der Panther: Als er Walter Ludeschers Gefühl eindrucksvoll bestätigte, mußte dieser von Sturm gehen

brauchen dich" über den Sturm-Platz liefen, nicht von seinem Entschluß abgebracht werden, Graz wieder zu verlassen. Zu dieser Zeit tobte hinter den Kulissen bereits ein Machtkampf an der Spitze des Klubs. Hannes Kartnig, der heutige Sturm-Chef, wollte sich mit zwölf Sponsormillionen in den Vorstand einkaufen, aber der damalige Obmann Alois Paul drückte durch, daß der bestehende Sponsorkontrakt bis Vertragsende eingehalten werden mußte. Damit war auch für Trainer Otto Baric klar, daß es mit den geforderten Verstärkungen nichts werden würde, und er warf das Handtuch.

Dann kam Gustl Starek, der sich schon bei seiner ersten Trainerstation 1980/81 in Salzburg einen einschlägigen Ruf erworben hatte – mit dem Höhepunkt, im Cup-Semifinale gegen den Wiener Sportklub fürs Elferschießen den, gelinde gesagt, fülligen, seit sechs Jahren nicht mehr aktiven Klubsekretär und früheren Verteidiger Artur Kibler einzuwechseln, der seinen Elfmeter gegen Sportklub-Goalie Peter Barthold dann auch prompt verschoß. Der damalige Sturm-Kapitän Heinz Thonhofer beschreibt die Stimmung in der Mannschaft, als der „schwarze Gustl" im Anmarsch war, jedenfalls so: „Nach allem, was man von Starek gehört hatte, war ich einer der vielen, die sehr skeptisch waren. Aber ich mußte dieses Vorurteil vom ersten Tag an revidieren." Starek schaffte mit der Truppe, die für Baric zu minder gewesen war, den fünften Platz, spielte in der Saison danach sogar lange um den Titel mit, ehe Platz 3 herausschaute.

Daß er diese zweite Saison als Trainer noch überlebte, hatte er vor allem Thonhofer und Otto Konrad zu verdanken. Es geschah am 29. August 1990: Im Auswärtsspiel gegen Schlußlicht Admira attackierte Ernst Ogris Sturm-Verteidiger Walter Kogler so rüde, daß der mit Verletzungen im Gesicht ins Spital mußte. Starek empörte sich an der Outlinie, aber der Schiedsrichter hatte nichts gesehen, und Minuten später flog von der Sturm-Betreuerbank eine

Heißsporn Gustl Starek: Flasche zu Flasche

Plastikflasche aufs Spielfeld, die den Linienrichter streifte. Flasche zu Flasche, dürfte sich Gustl Starek wohl gedacht haben, als ihm die Sicherungen durchbrannten, nachdem das Brutalfoul an Kogler nicht einmal mit Gelb geahndet worden war.

Am nächsten Tag setzte sich der Sturm-Vorstand zusammen, und als die Sitzung aus war, war Starek Ex-Trainer, hatte die fristlose Kündigung in Händen:

„Eine halbe Stunde habe ich nur gebraucht, um alle meine Koffer in Graz zu packen und nach Wien zu fahren. Das Kapitel war für mich erledigt", erinnert sich der Abservierte heute noch genau an diesen Moment. Doch er hatte nicht damit gerechnet, daß seine Mannschaft eine beispiellose Solidaritätsaktion starten würde. Angeführt von Kapitän Heinz Thonhofer und Otto Konrad leiteten die Spieler das Unternehmen „Rettet Gustl" ein. Der dänische Sturm-Manager Kjeld Seneca, in den 70ern Mittelfeldstar bei den Grazern, ehe ihn Bayern München abwarb, hatte nämlich für den Geschmack der Mannschaft etwas zu flugs einen Nachfolger bei der Hand gehabt: Werner Olk, zu Senecas Münchener Zeiten Cotrainer bei den Bayern, stand sofort parat, um Starek, seinen ehemaligen Mitspieler bei Bayern, zu beerben. Die Vermutung, daß die Trainerablöse von langer Hand vorbereitet war, und das Empfinden, daß Starek geschaßt wurde, nachdem er sich für einen von ihnen (Kogler) so erregt hatte, trieb die Spieler auf die Barrikaden.

Olk wurde jedenfalls der Trainer mit der kürzesten Amtszeit in der langen Sturm-Geschichte. Offiziell als Betriebsratswahl deklariert, traten die Spieler in einen zweitägigen Streik, und ohne ein einziges Training geleitet zu haben, mußte Olk wieder abziehen. Denn Obmann Hugo Egger hob nach zwei Tagen die Fristlose für Starek unter dem Druck der Mannschaft wieder auf. „Jetzt müssen Sie halt noch einmal Einstand zahlen", begrüßte Streikführer Konrad seinen Trainer wieder an Bord. Aber nicht nur die Spieler hatten vermutet, daß mehr hinter der Starek-Ablöse steckte als der Ausraster bei der Admira.

Harald Schaupp schrieb damals in der Kleinen Zeitung: „Insider glauben auch den Grund zu kennen, warum Starek nun im Herbst über die Klinge springen mußte. Dem Vorstand ist Sturm als Hobby zu teuer geworden! 100.000 Schilling im Monat für Starek **und** die Siegesprämien für die Mannschaft, da dürfte Egger und Co. der Schweiß ausgebrochen sein."

Für Otto Konrad war das ein ganz entscheidender Einschnitt bei Sturm. Unruhe und, wie im Fall Starek, auch Chaos im Vorstand, oftmalige Trainerwechsel, finanzielle Unsicherheit, das war nicht unbedingt der Boden, auf dem das gedeihen konnte, was sich der ehrgeizige Tormann für seine Karriere vorstellte. Obwohl er selbst alles probierte, die für ihn unbefriedigenden Dinge zu ändern: „Otto war das Zugpferd der Mannschaft, vor allem auch für PR-Sachen. Andere Spieler waren dafür zu schüchtern und nicht selbstbewußt genug. Es gab zuwenige Typen wie Otto bei Sturm, sonst wären wir vielleicht auch Meister geworden. Er hat sich in manchen Situationen als einziger profihaft verhalten", blickt Starek zurück.

Otto, das Zugpferd: Oft als einziger profihaft

Otto, der Durchgreifer: Von der unumstrittenen Nummer 1 im Tor auch zur unumstritten Nummer 1 im Klub

Auch auf dem Feld bemühte sich Konrad, nicht nur durch Bällefangen Aufsehen zu erregen, obwohl er auch darin zu dieser Zeit ganz große Klasse war. Aber er hatte sich besonders gut gemerkt, was ihm Schiedsrichter Prochaska am 10. Oktober 1989 beim 4:0-Derbysieg gegen den GAK geflüstert hatte, nachdem der Sturm-Keeper einen Elfer von Sobl gehalten hatte, der Schiri diesen aber wiederholen ließ:

Konrad: „Was bitte?"

Prochaska: „Ruhe, sonst kommt die Gelbe."

Konrad: „Zeigen Sie mir meinetwegen Gelb, aber sagen Sie mir, was falsch war, damit ich das nicht wieder mache."

Prochaska: „Zu früh bewegt. Schauen Sie, Herr Konrad, halten Sie halt den Ball auch noch, dann sind Sie der Held von Liebenau. Die Leut', die wollen doch eh nur die Show."

Konrad hielt auch den zweiten Elfer, diesmal von Goracinov geschossen, und er merkte sich von dieser Geschichte vor allem den Teil mit der Show.

Nur wenige Tage vor der Affäre Starek demonstrierte er, was er von diesem Dialog mit dem Referee in Erinnerung behalten hatte. Und auch, was er trotz seiner unbefriedigenden Zuschauerrolle bei der Weltmeisterschaft in Italien von dort für sein Repertoire als Tormann-Entertainer nach Hause mitgebracht hatte. Sturm führte in Donawitz gegen DSV Alpine 3:0, da gab es nach einem Foul Oliweiras an Günther Koschak Elfmeter. Otto Konrad, der sich vor der Partie bereits beim Trainer als Elferschütze angetragen und von Starek auch den Zuschlag erhalten hatte („aber bitte erst bei 3:0"), wuchtete den Ball zum 4:0 ins Netz. An der Cornerfahne erquickte er daraufhin die Fans mit einem Lambada Marke Roger Milla. Schon vorher

Entertainer Otto: Elfmetertor und Lambada

hatte er die Leute zum Johlen gebracht, als er vor dem anstürmenden Donawitzer Herfried Sabitzer außerhalb des Strafraumes per Kopf klärte und davor wie zum Gruß sein Kapperl lüftete.

Spiele wie diese hatten alles, was der Sturm-Tormann im Fußball erstrebte: Siegesgefühl, Siegesprämie und Showtime von und mit Otto Konrad.

Der Keeper war inzwischen bei Sturm längst die unumstrittene Nummer 1 geworden, und das nicht nur im Tor. Krone-Redakteur Egon Rejc formuliert es majestätischer: „Otto war der unumschränkte König in der Mannschaft, weil keiner so eine Ausstrahlung hatte wie er." Das akzeptierten auch Spieler, die von den Verdiensten her mehr Anspruch auf diese Position hätten anmelden können, wie etwa Walter Schachner: „Er war in dieser Mannschaft die Führungsperson, hat das Steuer an sich gerissen, und das tut er ja grundsätzlich sehr gern. Jedenfalls habe ich schon damals erkannt, daß es nur eine Frage der Zeit sein konnte, bis er das erreichte, was er erreichen wollte."

Daran zu glauben, daß das in seiner Heimatstadt Graz bei seinem Lieblingsklub Sturm möglich werden könnte, fiel Konrad aber nach der Affäre Starek immer schwerer. Er, der zwar in Auseinandersetzungen stets mit dem geschulterten Holzhammer ging, konnte auch immer schon sehr gut hinter die Kulissen blicken und dadurch viel früher als andere das System hinter dessen Auswirkungen erkennen. Als im Winter 1990 der Grazer „Eisprinz" Charly Temmel, Besitzer einer Café-Konditorei in Puntigam und eines Eissalons in der Herrengasse, den Präsidentensessel bei Sturm erklomm, begann Konrads Vermutung langsam zur Gewißheit zu reifen, daß das, was er in Graz als Kleingeist empfinden mußte, seine großen Visionen bedrohte. Ein Jahr nach seiner ersten Kündigung wurde zunächst Trainer Starek 1991 bei vollen Bezügen suspendiert, wobei man Temmel durchaus Sinn für schwarzen Humor bescheinigen muß, denn er tat das ausgerechnet nach dem Spiel gegen Admira.

Aber auch Stareks Nachfolger Robert Pflug konnte nicht verhindern, daß Sturm nach einem 1:3 in St. Pölten ins Aufstiegs-Play-Off mußte, was die Gagen der Spieler automatisch um 50 Prozent reduzierte und nicht gerade zu besserer Stimmung beitrug. Dieses Spiel in St. Pölten ist aus zwei weiteren Gründen erwähnenswert: Erstens war es eine kleine Genugtuung für einen Mann, den Otto Konrad bei Sturm ausgebootet hatte, und der jetzt das St. Pöltener Tor hütete – Michael Paal. Und zweitens kassierte der Sturm-Goalie in dieser Partie ein fürchterliches Tor von Slobodan Brankovic, einen Roller, der zwischen Armen und Beinen hindurch fast in Zeitlupe ins Tor kullerte. Natürlich kann das passieren, aber für Konrad war es in einem Moment, in dem sich bereits dunkle Gewitterwolken über seinem Haupt zusammenbrauten, wie ein Blitzschlag. Diese Wolken bestanden aus einem präsidialen Kurs, den Krone-Journalist Wilfried Silli wie folgt beschreibt: „Für Temmel war alles schlecht, was gut war, denn was gut war, war auch teuer. Er hat Konrad letztlich bei Sturm aus dem Haus getrieben, und der war sehr kaputt damals."

Teuer war der Tormann inzwischen tatsächlich geworden, denn im Sommer 1989, nach seiner bis dahin stärksten Saison für Sturm, hatte er die Gunst der Stunde und ein Angebot aus Innsbruck genützt, um sich in Graz einen exzellenten Vertrag auszuhandeln und sein bis dahin karges Salär von gerade 10.000 Schilling Monatsfixum sprunghaft anzuheben. Damals schon als Klubkassier im Vorstand war genau jener Charly Temmel gewesen, der sich nun öffentlich darüber beklagte, daß er bei seinem Einstieg ins Präsidentenamt Spielergehälter wie die von Konrad als Altlasten hatte übernehmen müssen. Als dann in diversen Zeitungen plötzlich auch noch die exakten Summen zu lesen waren, wußte Konrad nicht nur, woher der Wind wehte, sondern auch, daß ihn dieser voraussichtlich von Sturm wegblasen würde. Und er, ohnehin kein Meister des diplomatischen Gesprächs, gab nun alle Zurückhaltung auf und deponierte nach Gustl Stareks Abschuß beim Klubchef, was er vom neuen Führungsduo Temmel und Pflug hielt: „Jeder von euch ist für sich okay, aber die Kombination aus euch beiden ist eine Katastrophe, ist der Untergang des Vereins."

Das konnte sich nicht einmal der inzwischen zur Grazer Institution gewordene Konrad leisten, und ausgerechnet bei seiner Hochzeit im Mai 1992 las er in der Abendausgabe der Kleinen Zeitung, die der Kolporteur an die Tafel brachte, daß Sturm die Scheidung vom Tormann eingereicht und ihn offiziell zum Verkauf ausgeschrieben hatte. Obwohl der eigenwillige Keeper diese Entwicklung mit provoziert hatte,

> „Otto hatte uns anderen eines voraus. Er hat immer gesagt, das muß gehen, wenn wir bei gewissen Dingen schon den Hut draufgehaut haben. Das ist ein Ausdruck von Klasse."
> **Heinz Thonhofer**

Manuela & Otto: An der Hochzeitstafel erfuhr der Tormann, daß Sturm die Scheidung eingereicht hatte

traf ihn das wie ein Keulenschlag. Denn im Innersten hatte er doch noch gehofft, daß sich bei Sturm alles zum Guten, also zu dem, was er sich vorgestellt hatte, wenden würde. Aber der Bruch war nicht mehr zu kitten, und wie so oft in ähnlichen Situationen stand Konrad am Ende allein da. Bei einem, der mit festem Griff und loser Zunge die Führungsrolle übernimmt, zwar den Mannschaftserfolg im Auge hat, aber dafür intern immer wieder einzelne Spieler aufspießt, ist das aber nicht ungewöhnlich. Und so blieb das Hochzeitsspalier, das die Sturm-Spieler für ihn und seine Frau bildeten, die einzige Mauer für den Keeper. Das Recht auf Wehleidigkeit hatte gerade Otto Konrad in dieser Situation nicht. Das auf Wehmut schon.

EINEN KONRAD AUF KREDIT

Daß es Austria Salzburg zu jener Zeit, als die von Otto Konrad bei Sturm abgelaufen war, überhaupt noch gab, war drei Männern zu verdanken: Klubchef Rudi Quehenberger, der sich im Spätherbst 1988, mit dem Rücken zur Wand und eineinhalb Beinen im Abstiegs-Play-Off, zwei Runden vor Ende des Herbstdurchganges einen spektakulären Coup hatte einfallen lassen. Er holte Hans Krankl als Nothelfer an die Salzach, und der wurde in den folgenden Monaten zum Vater des Wiederaufstiegs des Traditionsklubs nach vier Jahren Zweitliga-Dasein. Der dritte Mann im Bunde der Vereinsretter war der immer wertvolle und oft unbedankte Srecko Kurbasa, der im letzten, alles entscheidenden Herbstspiel gegen Spittal im Schneematsch in der 91. Minute den Ball zum 2:1 über die Linie drückte. Es war dies das erste Salzburger Weihnachtswunder im Lehener Stadion gewesen, ein spätes Tor, das letztlich den Unterschied zwischen Absturz und Höhenflug ausmachte. Eine Konstellation, die sich fünf Jahre später mit ebenso wunderbarem Ausgang wiederholen sollte.

Nach zwei passablen, aber nicht berauschenden Erstliga-Jahren unter Aufstiegstrainer Kurt Wiebach mit den Endplätzen sechs und fünf holte Quehenberger im Sommer 1991 für die nächste Sprosse auf der Erfolgsleiter Otto Baric von Vorwärts Steyr nach Salzburg, und der wurde gleich in seinem ersten Trainerjahr moralischer Meister. Mit einem eroberten Zähler mehr als der tatsächliche Meister Austria Wien verloren die Salzburger durch Punktehalbierung im Winter und ein 1:2 im Praterstadion-Finalissimo im letzten Spiel aufgrund des schlechteren Torverhältnisses die Meisterschaft. Auf der Tribüne saß bei dieser Partie, zu der 12.000 Salzburger Anhänger nach Wien gereist waren, auch Otto Konrad. Den hatte Baric, der über seine Topkontakte in Graz längst informiert war, daß es zwischen Sturm und dem Tormann keine Einigung mehr geben würde, bereits vor dem Endspiel gegen die Austria angerufen.

Konrad, in Graz verletzungsbedingt nicht mehr im Einsatz, schaute sich daraufhin statt Sturm gegen Vienna das Finalissimo in Wien an. Und er sah dort, wie Salzburg-Tormann Herbert „Ilse" Ilsanker jenen unglücklichen Treffer von Andreas Ogris einfing, der einige Wochen später Otto Konrad doch noch das Tor zu Salzburg öffnen sollte. Denn über dem Salzburger Keeper entlud sich die ganze Enttäuschung über den verpaßten Titel, und das Faktum, daß insgesamt noch zu wenig Qualität und zu viel Durchschnitt in der gesamten Salzburger Mannschaft war, wurde auf den falschen, aber gemeinsamen Nenner gebracht: „Mit Ilsanker kann man nicht Meister werden."

Salzburgs Boß Rudi Quehenberger spielte in der Transfersache Konrad alle Stückeln. Von „Baby, I need you" bis „You can't always get what you want" reichte sein diesbezügliches Repertoire.

Otto Baric: ... gebe ich dir 300.000 Schilling

Aber zunächst sah es so aus, als würde der Grazer Keeper zwischen den Stühlen sitzenbleiben. Sturm-Chef Charly Temmel wollte Konrad nicht unter zwei Millionen Schilling Ablöse ziehen lassen, denn der Goalie war neben Walter Kogler, den er an die Wiener Austria verscherbelte, der einzige, der wirklich zählenswert Geld in die Klubkasse brachte. Aber Salzburgs Boß Rudi Quehenberger war von der 6,3 Millionen Schilling teuren Heimholung Heimo Pfeifenbergers von Rapid finanziell bereits ausgeblutet und weigerte sich partout, auch nur einen Schilling mehr als 1,8 Millionen zu zahlen. Zwischen Konrad und Temmel kam es im Zuge dieser Auseinandersetzung zum definitiven Bruch: „Wenn du nicht runtergehst und den Transfer wegen 200.000 Schilling platzen läßt, kannst du dir die restlichen 1,8 Millionen in den Rauchfang stecken, weil dann höre ich mit dem Fußballspielen auf", drohte Konrad. Temmel blieb stur und erteilte seinem Tormann ein schriftliches Trainingsverbot bei Sturm. Der Tag, an dem Konrad dieses Schreiben in seinem Briefkasten vorfand, hatte aber noch eine weitere schmerzliche Überraschung für ihn parat, denn am Nachmittag rief sein Berater Christian Flick an und informierte seinen Schützling aufgeregt: „Salzburg hat Burgstaller verpflichtet."

Quehenberger hatte Trainer Baric in der Tormannfrage einfach ausgebremst und gegen dessen Willen den zwischenzeitlich in Ried stationiert gewesenen Peter Burgstaller zurück nach Salzburg geholt, womit mit Ilsanker, Burgstaller, Thalhammer und Viertelmayr vier Keeper unter Vertrag standen. „Herr Quehenberger, ich bin schon ganz schwer enttäuscht, daß Sie mich im Regen stehen lassen. Ich habe mit Sturm gebrochen, was soll ich jetzt tun?", stöhnte Konrad daraufhin ins Telefon. Der Salzburg-Boß klärte den Abgewiesenen auf: „Herr Konrad, es tut mir auch leid für Sie, aber Sie müssen zur Kenntnis nehmen, daß der Fußball ein Hurensgeschäft ist."

Eine Diagnose, die nicht falsch ist, denn da wie dort liegen gemeinsame Freuden und kühle Distanz eng beieinander und sind an den Fluß des Geldes gebunden. In der Transfersache Konrad begann dieses Geld plötzlich auf wundersame Weise zu fließen. Und wie das passierte, ist mit eine Erklärung dafür, warum Konrad auch während des Sturzflugs des Salzburger Wunderteams immer loyal zum da bereits schwer angeschlagenen Baric war, nach außen nie ein böses Wort über den Trainer verlor und ihn nach innen sehr lange unterstützte. Um seinen Klubchef zu überzeugen, streckte Baric nämlich 300.000 Schilling der Ablöse für Otto Konrad aus eigener Tasche vor – als zinsenfreies Darlehen für Quehenberger, rückzahlbar nur, wenn Konrad die von Baric erwartete Verstärkung werden würde. Elf Gegentore in drei Intertoto-Spielen hatten den als Geldgeier bekannten Baric dazu bewogen, das Projekt Konrad mit einem Griff in das eigene Geldbörsel zu verwirklichen. In der damals angespannten finanziellen Situation des Klubs waren

300.000 Schilling viel Geld. Drei Jahre später sollte Austria Salzburg das Zehnfache dieses Betrages allein mit Otto-Konrad-Fanartikeln verdienen. Und Baric bekam nicht nur sein Geld zurück, sondern die entgangenen Zinsen mit diversen Gehaltserhöhungen während des Steilflugs auch locker wieder herein.

Eine Woche mußte der plötzlich vereinslos gewordene Konrad in Graz aber noch um seine sportliche Zukunft bangen: „Es war plötzlich der Schranken vor und hinter mir zugegangen, ich überlegte ernsthaft, mit dem Fußball aufzuhören und mich nur noch meinem Geschäft zu widmen." Eine Überlegung, die aber wohl mehr mit Verzweiflung zu tun hatte als mit ernster Absicht. Denn Konrads Vater ist überzeugt: „Er hätte nie die Kraft gehabt, in dieser Situation aufzuhören, weil er damals ohne Fußball zerbrochen wäre."

Doch dann ging alles sehr schnell, und Quehenberger, inwischen von Baric auch mit den 300 Tausendern bekehrt, war wieder am Rohr. Vor allem aber war er nun in einer ausgezeichneten Verhandlungsposition, und Konrad, bei Sturm noch Spitzenverdiener, mußte es in Salzburg wesentlich billiger geben. Was das Selbstwertgefühl des ehrgeizigen Keepers zusätzlich gravierend dämpfte, war, daß er als „König von Graz" nur durch eine Hintertür nach Salzburg eingelassen worden war. Das konnte und wollte er so nicht stehen lassen.

Vorerst galt es aber, sich wieder emporzudienen. Denn Konrad hatte Trainingsrückstand, stieß erst zwei Wochen vor Saisonstart zur Mannschaft und hatte mit Ilsanker einen Rivalen im Genick, der als Salzburger bei den Fans beliebter war als der Neuzugang aus Graz. Bei den ersten, nicht sehr glanzvollen Auftritten des Steirers im Lehener Stadion war er nicht nur einmal mit „Ilse, wir lieben dich"-Sprechchören konfrontiert. Als Konrad dann ausgerechnet beim 2:1-Auswärtssieg gegen seinen Exklub Sturm patzte, gab Baric im nächsten Spiel gegen LASK Ilsanker den Vorzug. In erster Linie zwar, um dem Ersatzgoalie vor dem UEFA-Cup-Spiel gegen Titelverteidiger Ajax Amsterdam, für das Konrad gesperrt

Heri Weber machte sich trotz Startproblemen bei Baric für Konrad stark

war, Matchpraxis zu verschaffen. Aber dem prominenten Neuzugang wurde spätestens in diesem Moment bewußt, daß er – wie Jahre zuvor bei Ludescher – einen Vertrauensvorschuß zurückzuzahlen hatte, und zwar schnell. Denn Baric und auch Kapitän Heribert Weber machten sich zwar für Konrad auch in dessen wenig überzeugender Salzburger Anfangsphase stark, aber der gibt heute zu: „Es war damals die Grenze erreicht, an der man darüber diskutieren konnte, wer von uns beiden spielt. Denn Ilsanker war zu der Zeit wirklich sehr gut drauf."

Wieder einmal zog sich Konrad aber letztlich am eigenen Schopf aus der haarigen Situation, ließ Ilsankers starkem Europacupauftritt seine erste wirklich beeindruckende Partie auswärts gegen Linz folgen und war von da an, was den Rivalen betraf, aus dem Schneider. Marinko Koljanin, damals Konrads Tormanntrainer, ist überzeugt: „Hätte ihm Baric in dieser Phase nicht dieses Vertrauen vermittelt, wäre Otto zwar ein guter Tormann geblieben, aber dieser phänomenale Aufstieg wäre wohl nicht zustandegekommen."

Konrad hatte Ilsanker also im entscheidenden Moment auf Distanz gebracht, aber die Bedrohung hatte er gespeichert, ließ seinen Ersatzmann in den folgenden Jahren nicht einmal bei unbedeutenden Freundschaftsspielen oft ins Tor und spielte auch mit Verletzungen: „Bei Ilse hatte ich deswegen oft ein schlechtes Gewissen, weil ich mit ihm eine freundschaftliche Beziehung hatte. Bei anderen hätte ich mir höchstens gedacht: Das geschieht dem recht, daß er nicht drankommt", gesteht Konrad heute: „Ich wäre in seiner Position zugrunde gegangen und hätte mich wohl nicht so fein und korrekt verhalten, aber er hat all die Jahre imponierend mit Vollgas weitertrainiert. Er hat mit Schmerzen zur Kenntnis genommen, daß es

> „Ich war immer bereit und habe gewartet, daß der Otto was hat. Dann schießt er den Elfer in Frankfurt, macht das Kopftor und ist immer größer geworden. Und ich immer kleiner."
> **Herbert Ilsanker**

einen Einsertormann gibt, das aber nicht dazu benützt, um mit Intrigen Unruhe im Klub zu stiften."

Ilsanker erklärt auch warum: „Otto konnte ja nichts dafür, daß ihm Baric die Stange gehalten hat, als es nicht so gut gelaufen ist. Für mich war klar, wer im Tor steht, als ich gehört hatte, daß Baric mitgezahlt hat. Mein Zug als Einsertormann war in dem Moment abgefahren, aber ich habe mich trotzdem immer bereitgehalten." Meistens aber umsonst, denn, wie es Ilsanker ausdrückt: „Otto hat mit Verletzungen gespielt, mit

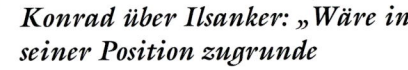

Konrad über Ilsanker: „Wäre in seiner Position zugrunde

Ilsanker: „Manchmal hätte er fairer sein können."

denen andere fast im Rollstuhl sitzen." Aber nur einmal war er Konrad, mit dem ihn trotz seiner undankbaren Rolle in all den viereinhalb Jahren ein freundschaftliches Verhältnis verband, deshalb richtig böse. Als sich dieser im letzten Spiel der Saison 1994/95 in Innsbruck fitmeldete, obwohl er es nicht war und Ilsanker so die Chance auf einen guten Auftritt und ein mögliches Engagement bei einem anderen Klub nahm: „Danach hat sich sogar Trainer Baric, der erkennen hätte müssen, daß Otto nicht fit war, vor der ganzen Mannschaft bei mir entschuldigt und gesagt, daß er so einen Fehler nicht mehr begehen wird. Was mir in dieser Situation allerdings ziemlich wenig genützt hat."

Konrad schaffte es jedenfalls trotz der Startschwierigkeiten schon in seinem ersten Salzburger Jahr, sich sportlich wieder den Stellenwert von Graz zu sichern. Im Bundesligatest der „Krone" im Jänner 1993 schrieb Friedl Koncilia noch: „Torhüter Konrad hat seit über zwei Jahren keine Fortschritte mehr gemacht. Die wären längst wieder fällig." Der schien das gelesen zu haben, denn er blieb 904 Meisterschaftsminuten ohne Gegentor, inklusive Cup sogar 996 Minuten und übertraf damit den legendären Italiener Dino Zoff um eine Minute, der in der Saison 1972/73 bei Neapel 903 Minuten kein Tor kassiert hatte. Daß Zoffs torloser Länderspielrekord von 1.133 Minuten für Otto Konrad nie ein Thema werden sollte, ist allerdings eine ganz andere Geschichte.

Otto Baric hatte mit dem Beharren auf seinem Wunschtormann recht behalten, denn Austria Salzburg hatte auf dieser wichtigen Position selten eine glückliche Hand bewiesen. Die beste kurioserweise noch mit Herbert Ilsanker, der nie wirklich enttäuscht, aber durch dieses dumme Tor im Meisterschafts-Finalissimo 1991/92 nun das Image des Verlierers picken hatte und zudem sehr verletzungsanfällig war. In den Jahren davor hatten Tormann-Fehlentscheidungen die Salzburger wiederholt wichtige Punkte gekostet. Das begann mit dem von Kurt Wiebach geholten Bayern-München-Ersatztormann Peter Sirch, der in der Saison 1989/90 in der

Halbzeitpause nach einem schrecklichen Patzer in der Grazer Gruabn, von Kapitän Heribert Weber heftigst beschimpft, unter Tränen sein Einserleiberl ausziehen und an Ilsanker übergeben mußte. Und es endete mit einer schaurigen Fehleinschätzung von Otto Baric, der in seinem ersten Salzburger Trainerjahr aus Feldbach den jungen Ernst Mörth holte und vollmundig versprach: „Aus dem mache ich einen neuen Konsel." Aber Mörth blieb Mörth, denn der Steirer hatte außer brennendem Ehrgeiz und ausreichendem Selbstbewußtsein zu wenig vorzuweisen, das ihn zu der von Baric angekündigten Entwicklung auch nur annähernd befähigt hätte. Ab der Saison 1992/93 war Austria Salzburg mit Konrad und Ilsanker erstmals seit dem Wiederaufstieg auf der so wichtigen Tormannposition auch erstklassig besetzt.

Für den Titel reichte es aber auch im zweiten Baric-Trainerjahr nicht. Trotz Otto Konrads Torsperre, obwohl Salzburg nur in drei von 14 Spielen der Meisterrunde Treffer erhalten und fünf Runden vor Schluß die Tabelle noch mit fünf Punkten Vorsprung angeführt hatte. Die 1:3-Heimniederlage gegen die Wiener Austria in der viertletzten Runde, dem einzig wirklich schlechten Spiel der Salzburger im gesamten Frühjahr, und der Patzer des als Joker eingewechselten Peter Hrstic eine Woche später bei Rapid machten noch einmal die Wiener Austria zum Meister. Salzburg hätte den ersten Titel der Klubgeschichte gerade in diesem Jahr so ersehnt – als Schmuck für die Feiern zum 60. Geburtstag des Vereins.

Aber als Klubchef, Trainer und Spieler mit hängenden Köpfen der vertanen Chance nachtrauerten, wußten sie noch nicht, daß sie das Schicksal gerade reich beschenkt hatte: mit der Teilnahme am UEFA-Cup statt am Cup der Landesmeister.

Otto, das Bollwerk: 904 Meisterschaftsminuten sein Tor vernagelt

DER UNTERSCHIED HIESS OTTO

Seit dem Wiederaufstieg der Salzburger Austria im Frühjahr 1989 hatte Klubchef Rudi Quehenberger fleißig in seinen Traum investiert, aus dem Fußball-Armenhäusler die Nummer 1 im Land zu machen. Weber, Willfurth, Peter Hrstic, Marko, Lainer, Garger, Bierhoff, Keglevits, Jurcevic, Sabitzer, Reisinger, Pfeifenberger, Konrad, Artner – die Verpflichtung dieser Spieler brachte Salzburg zwar qualitativ jedesmal ein Stück weiter, Quehenberger aber mangels gewinnträchtiger internationaler Präsenz auch immer näher an den finanziellen Abgrund. Zumal zusätzlich gerade unmittelbar nach dem Aufstieg sogar biedere Durchschnittskicker mit der Gagen-Maximalforderung beim euphorischen Vereinsboß durchgekommen waren und sich einige nicht gerade billige Verpflichtungen als Flops erwiesen hatten. Die Grünen machten geschätzte 43 Millionen Schilling an Verbindlichkeiten der Salzburger Austria in diesem Jahr 1993 sogar zum Gegenstand einer parlamentarischen Anfrage, ÖFB-Boß Beppo Mauhart malte im selben Jahr öffentlich düsterste Salzburger Zukunftsszenarien.

Nach dem zweiten vergeblichen Titelanlauf war im Gagenparadies Salzburg jedenfalls ein harter Sparkurs mit Kürzungen um bis zu 30 Prozent angesagt. Und nach der Verpflichtung des Baric-Wunschspielers Peter Artner mußte Austria Salzburg schon die zweite UEFA-Cup-Runde erreichen, damit Quehenberger der finanzielle Bauchfleck erspart blieb. Denn auch der schmerzlos kurze Europacupauftritt gegen Ajax Amsterdam im Jahr davor hatte nichts zur Sanierung der Vereinsfinanzen beigetragen. Salzburg hatte lediglich selbst internationales Lehrgeld gezahlt.

Auch vom heutzutage fast garantierten vollen Haus im Lehener Stadion war am Beginn der erfolgreichsten Saison der Klubgeschichte keine Rede. Die Fans waren nach der zweiten Titel-Enttäuschung mürrisch und ungeduldig, pfiffen die eigene Mannschaft aus, forderten mehrmals einen Trainerwechsel und blieben vor allem zunehmend aus. Am Tiefpunkt kamen gegen den Wiener Sportklub am 17. September 1993 gerade noch 5.000 Zuschauer ins Stadion – 3.000 davon waren Kinder, die man gratis eingelassen hatte. Sogar zwischen Fanliebling Heimo Pfeifenberger und den Anhängern kam es zu Beginn dieser Saison während des Spiels gegen Steyr zu gröberen Dissonanzen, nachdem der von den dauernden Pfiffen genervte Star seinem Unmut mit zornigen Gesten in Richtung Publikum Ausdruck verliehen hatte.

Rudolf Quehenberger war vor diesem Hintergrund entsprechend nervös, als er nach Genf zur Europacup-Auslosung flog. Ein leichter Gegner oder ein prominenter „Unbezwingbarer", der zumindest einmal die Kassen füllen sollte, waren seine Wünsche. Es wurde die slowakische Truppe Dunajska Streda, der den Salzburgern bis dahin gänzlich unbekannte Vierte der CSFR-Liga, den die meisten Spieler davor phonetisch wohl eher für die Leibspeise von Otto Baric als für eine Fußballmannschaft gehalten hätten. Jedenfalls lebte damit die Chance, daß Austria Salzburg zum zweitenmal in der Klubgeschichte nach 1976 – damals über den türkischen Vizemeister Adanaspor – in die zweite Europacuprunde kommen könnte.

Der Vater der kommenden Salzburger Erfolge, Otto Baric, bekam aber schon vor der ersten Partie gegen die Slowaken „vom lieben Gott die gelbe Karte gezeigt", wie es Krone-Sportchef Michael Kuhn formulierte. Der Salzburger Trainer mußte im August mit akuten Herzproblemen nächtens ins Spital eingeliefert werden und sein Amt interimistisch an Kapitän Heri Weber abgeben. Daß der gleich bei seinem Amtsantritt „anarchische Tendenzen" in der Mannschaft feststellte, ließ auch nicht gerade auf ein bevorstehendes Glanzjahr schließen. Aber mit Webers glücklichster Handlung während der krankheitsbedingten Baric-

Heimo Pfeifenberger traf in der ersten Europacup-Runde gegen Dunajska Streda daheim und auswärts

Absenz wurde ein erster Grundstein dafür gelegt. Es war der Einbau eines jungen Mannes, den Otto Baric im Sommer aus dem eigenen Nachwuchs zur Kampfmannschaft geholt hatte. Zehn Tage vor der ersten Partie gegen Streda ließ Weber den erst 19jährigen Martin Amerhauser daheim gegen Sturm auflaufen, und vier Tage später, beim Retourmatch in Graz, machte der gleich sein erstes Tor.

Der Junior war es schließlich auch, der seine Mannschaftskollegen und die nur 5.000 Anhänger am 14. September im Hinspiel in Lehen mit einem schönen Treffer zum 1:0 gegen Dunajska Streda erlöste. Heimo Pfeifenberger legte im Finish ein Tor zum 2:0-Endstand drauf, und damit war zumindest sportlich alles in Butter. Finanziell war dieses Heimspiel in der ersten Europacup-Runde hingegen nur ein Diäthäppchen für den verschuldeten Klub geworden.

Zwei Wochen später, im Rückspiel, schuf dann Tormann Otto Konrad die Basis für jene Europacupsaison, die ihn und die Austria in den siebten Fußballhimmel bringen sollte. Salzburg führte durch ein frühes Tor von Hermann Stadler schon 1:0, als die Slowaken um ihre letzte Chance zu kämpfen begannen und sich vor dem Salzburger Tor bedrohlich aufbauten. Doch da war für die Streda-Spieler Endstation: Konrad hielt alles, was es zu halten gab, in der heikelsten Phase sogar einen Elfmeter des fülligen Dunajska-Kapitäns Pavol Diňa. Anstatt vier Tore zu kassieren, was angesichts der Chancen der Slowaken durchaus möglich gewesen wäre, schoß Salzburg durch Pfeifenberger noch das 2:0 und war in der zweiten Runde. Wie wichtig das gewesen war, gestand nach Schlußpfiff der zwischendurch bleich gewordene Klubchef Quehenberger: „Ich hätte Teile meiner Firma verkaufen müssen, wenn wir heute ausgeschieden wären."

Diese Teile waren aber noch längst nicht in Sicherheit, denn für Runde 2 stand Salzburg mit Royal Antwerpen der vorjährige Europacupfinalist ins Haus, der im Cupsiegerbewerb erst im Endspiel dem AC Parma mit 1:3 unterlegen war. Und nach den mageren Einnahmen aus der ersten Runde wußte niemand, wieviele Menschen zum programmierten Ausscheiden gegen den hohen Favoriten diesmal nach Lehen kommen würden. Um sicheres Geld in die Klubkasse zu bekommen, verscherbelte Quehenberger deshalb in der Not noch vor dem Antwerpen-Spiel Herfried Sabitzer an den LASK.

Es fanden sich dann ein wenig mehr Leute zum Zweitrundenspiel im Stadion ein, aber wieder nur 8.000 – zuviel zum Sterben, noch immer zuwenig zum sorgenfreien Weiterleben. Aber wenigstens hielt Otto Konrad sein Tor wieder rein, und der Kroate Nikola Jurcevic schoß Salzburg mit einem Traumtor fast von der Toroutlinie eine passable Ausgangsposition fürs Rückspiel heraus. In dieser Partie im Bosuil-Stadion von Antwerpen gelang Otto Konrad, was kaum für möglich zu halten gewesen war – seine Leistung vom seinerzeitigen Europacupspiel mit Sturm in Genf zu wiederholen, die ihm den Beinamen „Junger Hiden" eingetragen hatte. Unter Berücksichtigung aller Glanzlichter, die der Salzburger Tormann dem Fußball in den folgenden Monaten noch aufsetzte, bot er im Spiel in Antwerpen fraglos seine stärkste Keeperleistung im Salzburger Dreß. Die Dauerdruckphase der Belgier wehrte Konrad mit phantastischen Reflexen fast im Alleingang ab, parierte neben einer Reihe gefährlichster Schüsse auch zwei normalerweise unhaltbare von Bursac und Lehnhoff. Royal-Trainer Urbain Haesaert brachte es nach der Partie auf den Punkt: „Wir sind an Otto Konrad zerbrochen." Und Belgiens Ex-Teamkeeper Jean-Marie Pfaff kam dem Kollegen gratulieren: „Wie heißt du mit Vornamen? Otto? Du warst super!"

Als der zweite überragende Salzburger dieses Abends, Wolfgang Feiersinger, sechs Minuten vor Schluß auch noch das Siegestor machte, hatten die Austrianer den bis dato größten internationalen Erfolg der Klubgeschichte, den Aufstieg in eine dritte Europacuprunde, endgültig perfekt gemacht. Und, was sich als noch wichti-

Otto Konrad spielte im Bosuil-Stadion von Antwerpen seine wahrscheinlich beste Partie im Dreß von Salzburg. Sogar der frühere belgische Teamtorhüter Jean-Marie Pfaff gestand, selten so eine Leistung gesehen zu haben.

ger herauskristallisieren sollte, Salzburg begann österreichweit Sympathien für diesen kämpferischen Erfolgsstil einzufahren, der wohltuend mit der allgemeinen Pfeifdrauf-Stimmung im Lande kontrastierte. Die Nationalmannschaft hatte sich definitiv aus der WM-Qualifikation verabschiedet, Austria Wien (gegen Barcelona) und Innsbruck (gegen Real Madrid) waren aus dem Europacup geflogen. Fußball in Österreich war ab Antwerpen der Fußball, den Austria Salzburg spielte. Chris Wikus' Kommentar in der „Krone" spiegelte das deutlich wider: „Salzburgs Sieg bringt uns noch lange nicht in die Weltklasse. Aber Otto Baric und seine Mannschaft haben zumindest bewiesen, daß Österreichs Fußball nicht der letzte Dreck sein muß."

Als nächsten Gegner bescherte die Auslosung der Salzburger Austria eine Mannschaft, die Klubchef Quehenberger vor der ersten Runde in die Kategorie der Unbezwingbaren eingestuft hatte: Sporting Lissabon, betreut vom englischen Ex-Teamchef Brian „Bobby" Robson, gespickt mit Stars wie Krassimir Balakov, Paolo Sousa, Luis Figo oder dem Ukrainer Tscherbakow, dem das Schicksal im Zusammenhang mit Salzburg noch ganz schlimm mitspielen sollte. Nicht nur Tomislav Ivkovic, der Ex-Tirol-Tormann, der vier Jahre auch das Sporting-Tor gehütet hatte, meinte: „Normal ist Salzburg chancenlos. Nur ein großes Wunder könnte daran etwas ändern." Auch die Salzburger Spieler, für die der Erfolg gegen Antwerpen schon unerwartet gekommen war, glaubten nicht wirklich daran, gegen das Star-Ensemble der Portugiesen auch noch bestehen zu können. Schließlich stand dem auch noch eine eindeutige Statistik entgegen: Noch nie in der Geschichte des Europacups hatte eine österreichische eine portugiesische Mannschaft aus dem Bewerb bugsieren können. Als hätte es noch eines zusätzlichen Beweises für die scheinbare Aussichtslosigkeit bedurft, entging Salzburg beim ersten Spiel in Lissabon nur dank eines Mannes einem Debakel: Otto Konrad, dessen Europacup-Torsperre mit Tscherbakows Führungstor nach 389 Minuten zwar beendet wurde, der aber mit tollen Reaktionen bei Top-Chancen von Figo und Pacheco dafür sorgte, daß es am Ende statt 0:4 nur 0:2 stand. Als sich Klubchef Rudi Quehenberger noch auf dem Spielfeld des Estadio Alvalade bei seinem Tormann bedankte, tat er das weniger, weil Konrad eine realistische sportliche Chance am Leben erhalten hatte, sondern weil bei den Anhängern daheim eine Hoffnung weiterleben konnte, die nach den eineinhalb Lehrstunden von Lissabon wohl kein einziger Austrianer mehr ernsthaft in sich trug. Aber nun war wenigstens einmal ein gerammelt volles Haus in Lehen garantiert.

> „Den größten Anteil an unseren Europacup-Erfolgen hatte Trainer Otto Baric. Den zweitgrößten aber schon Otto Konrad, der der ganzen Truppe die nötige Sicherheit gegeben hat."
> **Leo Lainer**

Fünf Tage vor dem Rückspiel in Salzburg lud Tormanntrainer Marinko Koljanin seine Schützlinge Konrad und Ilsanker zu einer beinahe folgenschweren Einstandsfeier. Nach einem gemeinsamen Abendessen nahm das Trio gegen ein Uhr in der Diskothek „Triebwerk" ein letztes Getränk. Mit dabei war auch der junge Adi Hütter, den Konrad beim Training eingeladen hatte, weil der Vorarlberger noch nicht sehr viele Kontakte in seiner neuen Heimat Salzburg hatte. Am nächsten Tag wartete bereits Klubchef Rudi Quehenberger, dem ein Mitarbeiter verraten hatte, daß die Spieler so spät noch unterwegs gewesen waren, beim Training und holte Konrad und Hütter zum Rapport. Fuchsteufelswild drohte er mit Konsequenzen wegen der Überziehung des Zapfenstreiches und beschied Hütter, dem schwächsten Glied in der Sünderkette: „Und Sie können gleich Ihre Koffer packen." Der, in seinem ersten Salzburg-Jahr nur als Leihspieler unter Vertrag und erst einen Monat vor dem anstehenden Rückspiel

Zum Märchen gehört der junge Prinz, der für das gute Ende sorgt: Martin Amerhauser übernahm die Rolle

gegen Lissabon in die Mannschaft gerutscht, getraute sich kaum aufzuschauen. Konrad gelang es schließlich, den tobenden Präsidenten zu besänftigen, und Hütter mußte doch nicht packen – worüber fünf Tage später nicht nur Rudi Quehenberger heilfroh war.

Die Mannschaft von Sporting Lissabon traf bestens gelaunt in Salzburg ein, um die vermeintliche Pflichtübung über die Runden zu bringen. Die Portugiesen waren sich ihrer Sache ganz sicher und buchten den Rückflug so knapp nach Spielschluß, daß eine Verlängerung nicht eingeplant war. Auch die Salzburger spekulierten kaum mit einer Überraschung, verrät Heimo Pfeifenberger heute: „Für uns war Royal Antwerpen im Kopf schon fast Endstation gewesen. Daß wir es gegen Lissabon schaffen könnten, haben wir selbst nicht geglaubt. Aber gerade deshalb waren wir in dieser Partie sehr locker, und das war, glaube ich, letztlich ausschlaggebend für die große Sensation."

Dieses Rückspiel ging jedenfalls als „Salzburger Wintermärchen" in die Fußballgeschichte ein. Nach torloser erster Halbzeit überraschte Leo Lainer Sporting-Tormann Costinha gleich nach der Pause mit wuchtigem Schuß aus 30 Metern. Austria Salzburg bestürmte daraufhin das Tor der Portugiesen, schien aber vom Glück verlassen zu sein. Als dann auch noch Kurt Garger nach Handspiel ausgeschlossen wurde und Tscherbakow in der letzten Minute allein vor Otto Konrad auftauchte, schien alles vorbei zu sein. Aber der Ukrainer brachte den Ball nicht ins Tor, und fast im Gegenzug packte Adi Hütter doch noch – und zwar die wirklich letzte Chance beim Schopf. Aus gewaltiger Distanz, die Furcht vor dem finalen Pfiff im Nacken, zog er ab und bezwang Unglückswurm Costinha in der 91. Minute mit seinem Fernschuß. 13.500 Anhänger im Stadion hörten im eigenen Jubel den Schlußpfiff nicht mehr, der im Duell der beiden Mannschaften vor Beginn der Verlängerung wieder auf Null stellte. Und die Menschen vor den TV-Geräten wurden ab diesem Moment vom Fußball Marke Salzburg endgültig gefangengenommen.

Tränen der Trauer: Sporting-Tormann Costinha

Für das Gesetzbuch der ehernen Regeln im Spitzenfußball hatte gerade dieses Aufeinandertreffen zwischen Austria Salzburg und Sporting Lissabon auch einen Leitsatz beigesteuert: Eine Topmannschaft fängt beim Tormann an, und auch unter Würdigung aller beeindruckenden Feldspielerleistungen war in diesem Fall festzuhalten, daß der Unterschied zwischen Ausscheiden und Weiterkommen genau der zwischen Otto Konrad und Costinha war.

Sporting-Betreuer Bobby Robson kostete diese bittere Erkenntnis kurz nach der Partie in Salzburg seinen Trainerjob in Lissabon – und seinen Lieblingsspieler Tscherbakow beinahe das Leben. Der 24jährige verunglückte wenige Tage vor Weihnachten auf der Heimfahrt von Robsons Abschiedsfeier mit dem Auto so schwer, daß er seitdem querschnittgelähmt an den Rollstuhl gefesselt ist. Es war in Portugal nach dem Spiel in Salzburg viel von „Tragödie" geschrieben worden. Das war die einzig wirkliche.

Daß Sporting Lissabon gleich nach Beginn der Verlängerung durch Capucho zweimal nur die Stange traf, ging in der Euphorie im Wonne-Oval Lehen fast unter. Wie es sich für ein richtig schönes Märchen gehört, sorgte auch an diesem Abend ein junger Prinz für das ideale Ende der Geschichte. Der eingewechselte Junior Martin Amerhauser übernahm eine Vorlage des doppelt so alten Kapitäns Heri Weber volley und erzielte dieses wunderschöne, alles entscheidende, unvergeßliche Tor zum 3:0. Es war dies die eigentliche Geburtsstunde des Salzburger Wunderteams, denn an diesem Abend besiegten die Spieler viel mehr als nur die Mannschaft von Sporting Lissabon – nämlich die Furcht vor großen Namen.

Was Trainer Otto Barić seinen Spielern schon in den beiden Runden davor tröpfchenweise eingetrichtert hatte, war nun als feste Überzeugung ins Bewußtsein jedes einzelnen Salzburger Austrianers durchgesickert: „Ihr seid stark, ihr könnt jeden schlagen."

Tränen des Glücks: Salzburg-Kapitän Weber

ELF METER ZUR GLÜCKSELIGKEIT

Bei allen beeindruckenden Leistungen: Austria Salzburg hatte in diesem mitreißenden Europacup-Herbst 1993 auch alles Glück gepachtet, das im Fußball möglich ist. Denn Sporting Lissabon war mit Sicherheit nicht als die schlechtere Mannschaft auf der Strecke geblieben, und wenn auch nur einer der vier Stangenschüsse, die die Portugiesen in den beiden Spielen gegen Salzburg verzeichneten, ins Tor gegangen wäre, hätte es kein Wintermärchen gegeben. Aber was zählten derlei Gedanken nach dem Schlußpfiff im Fußball-Tollhaus Lehen? Da war eine Mannschaft, die sich jetzt vor niemandem mehr fürchtete, die den heimischen Fußball, der zuvor die Funktion eines nationalen Spucknapfs zu erfüllen schien, wieder salonfähig gemacht hatte. Da war ein Trainer, der trotz aller seiner Erfolge nie ganz den Ruf eines Plappermäulchens und Scharlatans angebracht hatte, der in diesem Herbst aber wieder einmal bewiesen hatte, welch exzellenter Fachmann er war. Und da war ein Klubpräsident, der auf dem Weg nach oben nicht nur riskiert, sondern in einigen Situationen hart an der Kippe zur Fahrlässigkeit hasardiert hatte. Denn mit den ihm zur Verfügung stehenden Mitteln war sein Vorhaben nur bis zu einem gewissen Punkt planbar gewesen, aber dann entschied es sich manchmal in Sekundenbruchteilen, fernab der Beeinflußbarkeit und abhängig von unkalkulierbaren Faktoren wie Glück oder Pech, ob in der Folge Hochkonjunktur oder tiefste Depression das weitere Handeln bestimmten. Aber Rudolf Quehenberger hatte sein Vabanquespiel gewonnen, und mit der traumwandlerischen Sicherheit des Siegers setzte er nun im Europacup-Millionenroulette noch einmal goldrichtig.

Seine Ankündigung, die Viertelfinalpartie gegen Eintracht Frankfurt im Happelstadion in Wien auszutragen, löste in Salzburg aber vorerst einen Sturm der Empörung aus, ließ binnen drei Tagen den Volkshelden zum Buhmann werden. Wien war in dieser Situation ein Reizwort, denn im Stolz, nach jahrzehntelangem Dasein im Schatten der Wiener Großklubs österreichweit bewundert zu werden, mußten die Anhänger Quehenbergers Plan als Verrat auffassen, als Kniefall just in dem Moment, in dem man endlich über die „Großkopferten" hinausgewachsen zu sein schien. Aber der Salzburger Klubchef hatte in Wahrheit keine Wahl, denn ins Lehener Stadion hätten

Ein Land wird violett: Die „Salzburg-Mania" erfaßte 1994 ganz Österreich

Drei Bannerträger beim Triumphzug durch Europa: Wolfgang Feiersinger, Otto Konrad, Heimo Pfeifenberger

im Viertelfinale gerade 8.100 Leute gedurft. Und so entwarf er mit seiner Marketingabteilung den Leitspruch „Salzburg für Österreich, Österreich für Salzburg" und begann gezielt, die Partie gegen Frankfurt nicht als Europacupmatch, sondern als Länderspiel zu deklarieren. Das war ein Geniestreich, weil es Quehenberger und seinen Helfern damit gelang, die provinziellen Ressentiments gegen Wien umzumodeln in die einigende Aversion gegen die Deutschen, und die Summe aller Emotionen zu einem nationalen Anliegen unter Salzburger Flagge zu bündeln.

Zusätzlich hatte Quehenberger Bannerträger zur Verfügung, wie sie keine Designer-Abteilung für ein Vorhaben wie dieses besser hingekriegt hätte: Otto Konrad, Heimo Pfeifenberger und Wolfgang Feiersinger hatten im Herbst nicht nur die Topleistungen vollbracht, sie erfüllten auch alle Kriterien, die man benötigt, um Stadionbesucher und Medien im Showbusiness Fußball für sich zu gewinnen. Dieses Trio brachte eine Mischung aus intelligenter Professionalität und erotischer Anziehungskraft unters Volk, die flächendeckend und weit über bloßes Sportinteresse hinaus anziehend wirkte. Als am Abend des ersten Vorverkaufstages im Februar 1994 bereits 15.000 Karten vergriffen waren, durfte sich Rudi Quehenberger in der Gewißheit zurücklehnen, daß er nicht nur die größte Marketing-Sensation der österreichischen Fußballgeschichte vollbracht hatte, sondern damit auch seine finanziellen Sorgen los war.

47.000 Fußball-Anhänger aus ganz Österreich drängten sich am 3. März 1994 im Ernst-Happel-Stadion, um mitzuerleben, wie nach 17 vergeblichen Anläufen erstmals eine österreichische Mannschaft eine deutsche aus dem Europacup eliminieren wollte. Um diese Zuschauerzahl zu erreichen, hätte Austria Salzburg mit dem von der UEFA genehmigten Kontingent im Lehener Stadion gleich sechsmal gegen die Frankfurter Eintracht antreten müssen.

Die Rechnung war also in jeder Hinsicht aufgegangen – finanziell wie emotional. Als dann durch ein Tor von Adi Hütter die Frankfurter Eintracht, noch im Herbst der Stolz der deutschen Bundesliga, geschlagen vom Feld gehen mußte, schlug Deutschland zurück. Offiziell, weil Salzburgs Trainer Otto Baric in der Erregung über eine schlimme Beleidigung des georgischen Frankfurt-Verteidigers Tschadadse diesen bespuckt hatte. Und auch, weil ein Haufen von Dummköpfen im überwiegend fairen Publikum jede Aktion des Frankfurt-Ghanesen Anthony Yeboah mit rassistischen Schmährufen begleitet hatte.

Inoffiziell aber wohl, weil die Salzburger an diesem Abend die „besseren Deutschen" gewesen waren, frech die klassischen Tugenden des großen Bruders abgekupfert und mit deutscher Härte, deutschem Kampfgeist und deutscher Disziplin dem kleinen Österreich zum Sieg verholfen hatten. Unter dem Match-Mikroskop betrachtet, offenbarte sich dieses Vergehen an vermeintlich deutschem Besitztum im Duell Franz Aigner gegen Rudi Bommer, einem Inbegriff deutscher Kraft und Härte. Insgesamt 104 Minuten (so lange ließ der russische Schiedsrichter Chussainow spielen) dauerte dieser Vergleichskampf im Laufen, Grätschen und bis auf die Knochen Bekämpfen, ehe der Mann aus dem Pongau als klarer Punktesieger abgewunken wurde.

Als dann auch noch Tony Yeboah, auf die blödsinnigen Uh-Rufe aus dem Publikum angesprochen, in die TV-Kamera sagte: „Das haben die wohl von den Deutschen gelernt", war das Maß voll. Das alles durfte so nicht stehenbleiben, und deshalb wurde nach dem „Haßspiel" (Bild-Zeitung) eine beispiellose Hetzkampagne gegen die in „Bösis" umbenannten

> „Mit dem Gang nach Wien hat sich die Botschaft ‚Salzburg für Österreich' multipliziert. Und vielen war es sehr recht, daß eine Provinztruppe die Hochburg Wien einnimmt."
> **Otto Konrad**

„Ösis" eingeleitet, die bis zum Aufruf zum Urlaubsboykott reichte. Im ZDF kam ein Mann aus Hessen als Sprachrohr des deutschen Volkszorns zu Wort: „Ich fahre nie mehr nach Österreich. Ohne uns deutsche Touristen müssen die wieder die Berge raufklettern und Wurzeln graben, um nicht zu verhungern."

Ehe sich deutsche Touristen aber ihr Urlaubsgeld ersparten, tat dies die Frankfurter Eintracht mit der ausgesetzten Aufstiegsprämie von 170.000 Schilling pro Mann. Denn nach dem Ausschluß von Peter Artner brachten die Salzburger im Rückspiel mit zehn Mann einen 0:1-Rückstand über die Distanz, und beim darauffolgenden Elfmeterschießen setzten sie ihrer Dreistigkeit im Umgang mit dem großen Bruder noch die Krone auf: mit der Geburt eines österreichischen Nationalhelden auf deutschem Boden.

Während die beiden Mannschaften beim Mittelkreis noch die Schützen bestimmten, legte sich der Salzburger Tormann den Ball zum Zeitvertreib am Elfmeterpunkt auf, lief an und jagte ihn weit am Tor vorbei. RTL-Live-Kommentator Uli Potofsky ätzte daraufhin in sein Mikrophon: „Mensch, den Otto Konrad sollten sie keinen Elfmeter schießen lassen. Der trifft ja die leere Bude nicht."

Dann ging es los: Bein, Reis, Furtok und Stein trafen für Frankfurt, den von Gaudino geschossenen Ball

Ottos erster Streich: Elfer von Gaudino gehalten

Ottos zweiter Streich: Elfer von Binz gehalten

Die Geburt eines österreichischen Nationalhelden auf deutschem Boden: Konrad bezwingt Kollegen Uli Stein

Es ist so schön, ein Held zu sein: Konrad nützte die Summe seiner Vorzüge zum Katapultstart gen Himmel

hielt Konrad. Lainer, Jurcevic, Hütter und Pfeifenberger trafen für Salzburg, Feiersinger schoß übers Tor. Es stand 4:4 – Manfred Binz lief an, und Konrad hielt seinen zweiten Elfmeter. Während sich Salzburgs programmierter nächster Schütze Thomas Winklhofer zögerlich dem weißen Punkt näherte, kippte auf der Tribüne die Stimme des nach der Spuck-Affäre dorthin verbannten Otto Baric: „Nein! Nein! Um Gottes Willen! Otto muß schießen!", brüllte der Trainer.

Im selben Moment blieb Winklhofer unten auf dem Rasen stehen: „Winki, lass' es. Ich mach's", scheuchte Konrad seinen Kollegen aus der Anlaufspur. „Okay, gut", nahm dieser dankend an.

Ein kleiner Dialog mit großen Folgen. Denn Konrad machte wahr, was sein gesperrter Kollege Christian Fürstaller auf der Tribüne schon vorher gewußt hatte: „Ich habe runtergebrüllt, der Winki muß weg, das muß der Otto selber machen. Ich wußte, daß das bei ihm kein Risiko ist, null. Der haut mit seinem 25-Kilo-Fuß hin, und wenn er das Tor trifft, ist der Ball drinnen. Der denkt nicht nach. Vielleicht ist ein Tormann so." Aber natürlich war es nicht das Gewicht des Schußbeines gewesen, das Konrad, und nur Konrad, in dieser Situation zum sichersten Elfmeterschützen machte, und der Goalie hörte weder Otto Baric, noch Fürstaller schreien: „Ich hatte zwei Elfer gehalten und fühlte mich stark und sicher genug, das selbst zu machen", begründet der Schütze, warum er entgegen seiner ursprünglichen Absichten doch angetreten war.

Heimo Pfeifenberger ist überzeugt: „Otto hat gespürt, daß Winklhofer zittrige Knie hatte und die Verantwortung übernommen." Das bestätigt auch der ursprünglich vorgesehene Schütze: „Ich war nicht unfroh, daß ich wieder umdrehen konnte. Schon beim

Klestil & Konrad – Popularitätsanleihe der Nummer 1 bei der Nummer 1

Hingehen zum Elferpunkt sind mir alle möglichen Dinge durch den Kopf gegangen. Was ist, wenn ich verschieße? Was passiert, wenn ich treffe?" Gedanken, die in einer derart angespannten Situation nicht nur gefährlich sind, sondern fast die Garantie, daß es nicht klappt. Denken stört in so einem Fall beim Handeln.

Konrad nützte in dieser Situation die Summe seiner Vorzüge, um Austria Salzburg und sich selbst in ein unglaubliches Popularitätshoch zu katapultieren: sein riesiges Selbstbewußtsein, ins Unermeßliche gesteigert durch die zwei gehaltenen Elfmeter, seine Fähigkeit, intuitiv eine Situation zu erfassen, weshalb er das Sicherheitsrisiko Winklhofer wegschickte, und seinen Mut, in entscheidenden Momenten Verantwortung zu übernehmen. „Dieser Elfmeter", ist Konrads damaliger Tormanntrainer Marinko Koljanin, der Konrad von der Bank aus zum Schießen animiert hatte, überzeugt, „war der wichtigste Moment in seiner Laufbahn. Von da an war alles wie im Märchen. Da ist er von einem sehr guten Tormann zu einem Spitzentormann geworden – einfach aufgrund einer günstigen Konstellation." Eine Diagnose, die stimmig ist, obwohl der verwandelte Elfmeter überhaupt nichts mit Konrads Tormannleistung zu tun hatte. Aber er nahm einen letzten Zweifel vom inzwischen fast 30jährigen: „Ich habe von Beginn meiner Karriere an nach außen ein schier grenzenloses Selbstvertrauen gezeigt, aber nach innen war ich mein größter Zweifler", gibt Konrad heute zu: „Salzburg international war die entscheidende Wende. Das war für mich der Beweis, daß es auch auf diesem Niveau geht, und da habe ich mir gedacht, etwas wesentlich anderes kann jetzt nicht mehr kommen."

Daß dieses Bewußtsein erst nach Frankfurt richtig griff, hängt damit zusammen, daß Otto Konrad ein Typ ist, der die Bestätigung von außen extrem braucht, damit sie auch nach innen wirksam werden kann. Und diese Bestätigung erfuhr er nach seinem Elfmetertor in einem bis dahin nicht dagewesenen Ausmaß. Er wurde mit seinem Talent für mediale Auftritte der Proponent des Salzburger Fußballwunders schlechthin.

Während Heimo Pfeifenberger und Wolfgang Feiersinger vorwiegend die Traumwelt heranwachsender junger Damen ausfüllten, griff Konrad allumfassend Platz. Er parlierte im TV am „Runden Tisch" mit Elmar Oberhauser, einem Forum, das bis dahin der hehren Politik vorbehalten gewesen war. Bundespräsident Thomas Klestil ließ sich am Höhepunkt seiner privat bedingten Image-Krise einen gemeinsamen Frühstückstermin mit jenem Mann arrangieren, der ihn an Popularität übertroffen hatte – und staunte im Österreichischen Hof in Salzburg nicht schlecht, als er sich mit Otto Konrad plötzlich in eine Diskussion über EU und freies Unternehmertum verwickelt sah, anstatt, wie offensichtlich erwartet, eigene Reminiszenzen aus Fetzenlaberl-Zeiten hervorkramen zu müssen: „Das ist ja ein hochintelligenter Bursche", flüsterte Klestil seinem Berater Heinz Nußbaumer tief beeindruckt zu. Ob kostenlose Imagepflege für den höchsten Mann im Staat oder gutdotierte für diverse Produkte – um Otto Konrad setzte ein aberwitziges Gerangel derer ein, die von seiner Popularität mitprofitieren wollten.

Weil das natürlich auch er selbst zu tun gedachte, bekam er ab Frankfurt jede Menge Streß.

Und zwar zusätzlichen, denn Salzburg stand nun bereits im UEFA-Cup-Halbfinale und hatte auch den Meistertitel im Visier. Im Unterschied zum Frankfurt-Spiel war das Semifinale gegen Karlsruhe von keinerlei Gehässigkeiten mehr begleitet, höchstens von zwei fatalen Fehleinschätzungen, gewachsen aus dem Nährboden deutscher Überheblichkeit. Nach dem 0:0 in Wien, zu dem 48.000 Zuschauer gekommen waren, qualifizierte KSC-Tormann Oliver Kahn die Salzburger ab: „Die können ja gar nix." Und Trainer Winnie Schäfer legte seine vornehme Zurückhaltung kurz vor dem Retourspiel in Karlsruhe ab und meinte: „In 20 Minuten ist alles erledigt." War es dann auch, nur anders, als sich das Schäfer und sein Team vorgestellt hatten. In der 13. Minute erzielte nämlich Hermann Stadler das so wichtige Auswärtstor zur 1:0-Führung, und mehr als den Ausgleich konnten die Karlsruher in den verbleibenden 78 Minuten nicht mehr erledigen.

Damit hatte Salzburg den letzten verbliebenen deutschen Klub aus dem Europapokal geworfen, was vor allem Otto Baric große Genugtuung bereitete. War er doch bei seinem seinerzeitigen Kurzauftritt als Stuttgart-Trainer 1985 mit dem unlieben Beinamen „Abu el Blabla" als Schwadronierer ohne Fachkompetenz abgestempelt worden. Und nun hatte er gleich zwei deutsche Vereine in seine Abschußliste eingetragen. „Baric war phänomenal. Er hat uns vor jedem Spiel hundertprozentig auf unsere Position und unsere Gegenspieler eingestellt, hat uns alles über sie gesagt, und das war dann jedesmal wirklich so", schreibt Leo Lainer, der mit seinen guten Leistungen während des Europacup-Erfolgslaufes noch einmal ein Team-Comeback schaffte, dem Trainer den Löwenanteil am

Baric und die Rache an den Deutschen: „Abu el Blabla" fand auch mit Salzburg das Erfolgsrezept für Europa

großen Erfolg zu: „Und im Kopf hat er uns so programmiert, daß wir gewinnen können. Wir haben das geglaubt und eine Klasse stärker gespielt als normal."

Otto Baric hat nicht erst bei seinem Engagement in Salzburg bewiesen, daß er ein bestausgebildeter Fachmann ist, aber da, mit dieser im internationalen Vergleich durchschnittlichen Mannschaft, ganz besonders: Er überrumpelte mit taktischen Raffinessen, beeindruckender Gründlichkeit bei den Hausaufgaben und dem untrüglichen Gespür für den richtigen Spieler im richtigen Moment auf der richtigen Position die Großen im europäischen Fußball der Reihe nach. Und – zum Thema Motivationskunst – er kam bei der Erschaffung des „Salzburger Wunderteams" wohl dem nahe, was Dirk Schümer in seinem Buch „Gott ist rund" wie folgt beschreibt: „Ein Trainer muß heute alles andere als ein Schinder im Trainingsanzug sein. Er muß ein Guru und Philosoph sein, um satte Virtuosen dazu zu bringen, über ihre Grenzen zu gehen. Der Trainer impliziert in das soziale System einer Mannschaft das einzige Ingredienz, das die hochgezüchteten, durchtrainierten Junggenies noch nicht kennen und doch so nötig für den Erfolg brauchen: Besessenheit."

Daß Austria Salzburg nach den Triumphen gegen die deutschen Klubs gegen Inter Mailand beide Finalspiele mit 0:1 verlor – wobei Otto Konrad beim Hinspiel in Wien sein einziges Heimtor in sechs UEFA-Cup-Spielen hinnehmen mußte –, war bitter, aber nicht weiter tragisch. Denn erstens machten die violetten Edelkämpfer auch in diesen beiden Partien beste Figur, zweitens war die Befriedigung, zwei deutsche Klubs eliminiert zu haben, für die Anhänger viel größer als die Enttäuschung, im Finale verloren zu haben. Und drittens hatte die Heldenverehrung der Proponenten dieser Mannschaft schon ein Ausmaß angenommen, das es erlaubte, sehr österreichisch zu reagieren, das heißt, sich mit unglücklichen Verlierern mindestens so gut wie mit glücklichen Siegern identifizieren zu können.

Für Otto Konrad war der Moment, als er im Giuseppe-Meazza-Stadion von Mailand auf den Rasen sank, aber trotz des 0:1 sportlich betrachtet der schönste seines Lebens: „Die Niederlage war nicht wirklich ein Problem. Ich konnte nicht enttäuscht sein, weil wir alles für einen Erfolg gegeben hatten. Als Inter den Pokal erhielt und 6.000 Leute riefen ‚Otto, wir lieben dich', war das der erste Moment, in dem ich diese Atmosphäre richtig aufgesogen habe. Das kann ich vor einem Spiel nicht, weil es mich in der Konzentration stören würde."

Enttäuscht war man in Österreich auch deshalb nicht, weil der Spielstil der Salzburger das ganze UEFA-Cup-Jahr hindurch so beschaffen gewesen war, daß das geliebte Raunzen

Weber und Konrad: Egoisten im Triumph vereint

Die Salzburger Edelkämpfer und Fußball-Pinups wurden 1994 zur sentimentalen Nationalmannschaft

vor dem Fernsehgerät Pause hatte und durch Anerkennung ohne Wenn und Aber abgelöst wurde. Das war zwar in gewisser Weise ein Verlust für den gelernten Österreicher, aber die Konsumenten der Salzburger Spielweise wurden dafür anderweitig reichlich entschädigt. Neun Monate lang durften sie teilhaben am beständigen Triumph des kleinen Außenseiters über meist großmäulige Favoriten, und nachdem der geschickte Rudi Quehenberger und seine cleveren Aushängeschilder nicht müde wurden, das als gemeinsame Sache aller Fußballfans im Lande zu propagieren, hatten die Menschen nicht das Gefühl, nur zuzuschauen, sondern dabeizusein und mitzuwirken.

Auch das ist wohl eine der möglichen Erklärungen für das Phänomen, daß es dem Provinzklub Salzburg gelungen war, in drei Monaten ebenso oft das Wiener Praterstadion bis zum letzten Platz zu füllen. Das war, neben dem präzisen Treffen des emotionalen Nervs einer Nation, der kaufmännische Geniestreich des Projekts „Salzburg für Österreich": Indem der Kundschaft vermittelt wurde, daß ein Gutteil der Erfolge auf ihr Konto ging, gelang es Quehenberger, das des Klubs nachhaltig zu sanieren.

Aber das war erst der erste Teil des erfolgreichsten Jahres der Salzburger Vereinsgeschichte. Denn die Finalniederlage gegen Inter Mailand wurde durch den ersten Titelgewinn in der heimischen Meisterschaft kompensiert, und der stieß den Salzburgern die Tür auf zum nächsten Geldtresor, dem der neugeschaffenen Champions League. Nach zwei Siegen gegen den israelischen Meister Maccabi Haifa (2:1 auswärts und 3:1 daheim) war Austria Salzburg nun auch noch in der europäischen Eliteliga mit dabei, spielte in der starken Gruppe mit AC Milan, Ajax Amsterdam und AEK Athen bis zum letzten Spiel um den Einzug ins Viertelfinale mit und verabschiedete sich erst in dieser Partie in Wien gegen den späteren Finalisten Milan mit einem 0:1 in Anstand vom Konzert der Großen.

Es war aber nicht nur das Jahr der Salzburger Austria, sondern auch das Jahr im Zeichen des Otto Konrad. Sein Elfmetertor von Frankfurt wurde zum Tor des Jahres in Österreich und Otto selbst von den Lesern der Kronen Zeitung zum Fußballer des Jahres gewählt. In der französischen „L'Equipe" fand sich Konrad nach Frankfurt als bester Tormann in prominenter Gesellschaft von Johan Cruyff (bester Trainer), Romario (bester Offensivmann) und Marcel Desailly (bester Defensivmann) wieder.

Konrad hatte das große Glück gehabt, in Frankfurt auf der großen europäischen Fußballbühne vor einem Millionenpublikum das vorzufinden, was sein damaliger Mannschaftskollege Nikola Jurcevic einen „Moment für die Geschichte" nennt. Und er konnte in dieser Situation das tun, was er sich bereits als junger Spieler vorgenommen hatte – selbst Geschichte zu schreiben. Alle seine großartigen Taten auf dem Weg zu diesem Spiel waren nichts im Vergleich zu seinem Auftritt im Frankfurter Waldstadion.

Obwohl sie sportlich, von der Tormannleistung her, in mindestens zwei Fällen weit über Konrads Darbietung gegen die Eintracht zu stellen waren. Aber die Dramatik im Spiel der zehn tapferen Österreicher gegen die elf Deutschen, das Prestigeduell, das die Erinnerung an Cordoba 1978 wachküßte, und das in einem Elfmeterkrimi entschieden wurde – diese Konstellation war eben eine geschichtsträchtige. Otto Konrad war schon vor Frankfurt ein anerkannt guter Tormann gewesen. Aber in und durch Frankfurt wurde er über Nacht Nationalheld für abertausende Fußballbegeisterte in der Heimat. Er war in dem Moment nicht nur der letzte Elferschütze, der das Spiel entschied, er war auch der Vollstrecker des Volkswillens geworden, es den Deutschen wieder einmal so richtig zu zeigen.

Konrad hatte immer aus der Masse heraustreten wollen. Jetzt hatte er es geschafft, und zwar auf dem höchsten Niveau. Daß er überhaupt in die Lage gekommen war, seinen Traum zu verwirklichen, war ein Verdienst der Mannschaft gewesen. Für die Fußball-Historie ist Frankfurt aber als das Spiel des Otto Konrad verewigt.

Vom Hasardeur zum Krösus: Rudi Quehenberger gewann im Millionenroulette

Heribert Weber: Ein Spieler, der nur den Erfolg suchte und derjenige war, der durch Routine und Persönlichkeit über die anderen zu stellen war. Die, außer Lainer und Garger, die das schon waren, wurden erst mit den Erfolgen zu Persönlichkeiten.

Kurt Garger: Leistete mit Routine in den letzten Jahren mehr, als man von außen gesehen hat.

Christian Fürstaller: Machte seinen Job perfekt. Zeitweise war es eine Sensation, welche Leistungen er mit seinen Möglichkeiten brachte.

Peter Artner: Brachte in einigen Spielen annähernd, was man erwartete, mußte es sich aber oft einteilen, weil er die Luft für 90 Minuten nicht hatte.

Wolfgang Feiersinger: Er war im Erfolgslauf ein sehr wichtiger Spieler und entscheidender Erfolgsfaktor der Mannschaft, der sich in diesem Stadium positiv wie auch negativ weiterentwickelt hat.

Damir Muzek: Es war ein herber Verlust, als er sich gegen Lissabon den Arm brach. Er war damals in der Verfassung, die seinem Potential entsprach und ein wertvoller Spieler für unsere Mannschaft.

Thomas Winklhofer: Ein Spieler, der Probleme mit dem Selbstvertrauen kriegt, weil ihn die Zuschauer oft schimpfen. Aber in der Phase des Erfolgslaufes hat er oft sehr stark gespielt. Er ist einer, der über seine physischen Voraussetzungen ins Spiel kommt.

Heimo Pfeifenberger: Er war in der Truppe dort, wo er gebraucht wurde. Ein Typ, der was vermitteln konnte. Wenn er sagte, das schaffen wir, dann hatte das etwas zu sagen. Er war bei Not am Mann universell einsetzbar, von Libero bis Stürmer.

Leo Lainer: Sehr universell und in vielen Spielen, in denen Heri Weber gefehlt hat, als Libero ein ausgezeichneter Ersatzmann auf dem Posten.

KONRAD ÜBER SALZBURGS „WUNDERTEAM"

Franz Aigner: Eines seiner größten Spiele war daheim gegen Frankfurt, wo er sich mit Bommer Duelle bis auf die Knochen geliefert und sich durchgesetzt hat. Baric und die Erfolge haben es möglich gemacht, aus vielen Spielern das herauszuholen, was man wirklich zum Fußballspielen braucht, auch aus Aigner.

Nikola Jurcevic: Durch seine Aggressivität und Schnelligkeit war er einer der wichtigsten Spieler. Ein typischer Konterstürmer, der vor Arbeit nicht zurückschreckte. Er war die optimale Besetzung dieser Position in dieser Mannschaft, wichtiger als einer, der öfter getroffen und dafür defensiv weniger getan hätte.

Marquinho: Das Problem war seine physische Verfassung. Er hat lange gebraucht, bis er das aufgeholt hatte. Von der Art her hat er aber sehr gut in die Mannschaft gepaßt, und wenn die Manager nicht so vertrottelt gewesen wären, hätte es für ihn und Austria Salzburg gute Möglichkeiten gegeben. Mir hat es sehr leid getan, daß er damals, nach dem UEFA-Cup-Finale, nicht in Salzburg geblieben ist.

Hermann Stadler: Totgesagte leben länger. Er war der Joker schlechthin, bei ihm hatte man das Gefühl, wenn einer die Partie umdrehen kann, dann er. Vom Typ her setze ich ihn ganz oben hin.

Martin Amerhauser: Hat für sich selbst in der Lotterie gewonnen mit dem Sporting-Tor. Das war zwar kein Zufallsprodukt, aber nur der Einstieg in eine große Karriere. Die dazugehörige Arbeit hat er dann beim GAK gemacht. Drum war es ein noch größerer Erfolg, daß er von Salzburg weggegangen ist und sich in Graz durchgesetzt hat. Wir benötigten damals nur Spieler, die für die Champions League und den Titelkampf sofort einsetzbar waren.

Adi Hütter: Er ist erst in dieser Zeit der großen Erfolge Stammspieler geworden, hat mit dem Sporting-Lissabon-Spiel den Durchbruch geschafft und war dann ein ganz wichtiger Spieler für uns. Später hat ihn seine Verletzung gewaltig zurückgeworfen, und er hat sich von Trainer Baric mißverstanden gefühlt. Als Mensch ist er durchaus in Ordnung.

DER KOPF DES JAHRES

Der Kopf des Otto Konrad wurde ab dem Frühjahr 1994 zum vertrautesten Anblick im Lande. Er schaute aus den Titel-, Sport- und Gesellschaftsseiten der Printmedien heraus, es gab im Fernsehen kein Entrinnen, weil er vom Confetti-TV am Vormittag bis zum Runden Tisch spätabends charmant, intelligent, eloquent, aber vor allem dauerpräsent war. Er prangte von Videokassetten und CD-Covers, man begegnete ihm im Zusammenhang mit Werbung für ein Kindergetränk ebenso wie mit der für eine Automarke. Just in dem Moment, als viele begannen, sich an ihm sattzusehen, als Konrad dem Popularitäts-Overkill zusteuer-

Rothhaar spielte Konrad aber weiter, kam auch nach der Pause aus der Kabine und ließ sich erst nach dem 2:0 der Mailänder durch Simone in der 58. Minute austauschen. Die Partie endete mit 3:0 für den AC Milan, aber Salzburg legte bei der UEFA Protest ein und rechnete sich gute Chancen aus, da ähnliche Vorfälle mit Beteiligung österreichischer Klubs bisher stets streng geahndet worden waren.

1984, als Rapid gegen die Glasgow Rangers ebenfalls 3:0 verloren hatte, war Rudi Weinhofer im Finish von einer Münze getroffen worden und mit blutender Kopfwunde ausgeschieden. Die Wiederholungspartie

Stroppa traf zum 1:0 ...   *... und die Flasche (Pfeil) den Kopf ...*   *... von Keeper Otto Konrad.*

te, machte er nochmals dicke Schlagzeilen und wurde in jeder Hinsicht zum Kopf des Jahres 1994. Im einen Fall allerdings unfreiwillig.

Am Mittwoch, dem 28. September 1994, hielt Austria Salzburg in der zweiten Champions-League-Partie im Meazza-Stadion gegen den AC Milan 40 Minuten lang sehr gut mit, ehe Stroppa nach Flanke von Ruud Gullit das 1:0 für die Mailänder gelang. Als Otto Konrad den Ball aus dem Tor holen wollte, flogen drei Flaschen auf das Spielfeld, und plötzlich sackte der Keeper, von einer mit Wasser gefüllten Plastikflasche getroffen, zusammen. Nach kurzer Verarztung durch Klubmediziner Dr. Arthur Trost und Masseur Bernd

in Manchester gewannen die damals von Otto Baric betreuten Rapidler durch ein Tor von Peter Pacult mit 1:0 und kamen in weiterer Folge bis ins Finale.

1989 war im Retourspiel gegen Ajax Amsterdam Tormann Franz Wohlfahrt von einer Eisenstange getroffen worden, nachdem Austria Wien in der Verlängerung der Ausgleich gelungen war. Das Match wurde abgebrochen und mit 3:0 für Austria strafverifiziert.

Aus Furcht vor ähnlichen Konsequenzen gingen die Mailänder unmittelbar nach der Partie in die Offensive. Trainer Fabio Capello bezeichnete Konrad als unsportlichen Simulanten, bezichtigte sogar den Salzburger Masseur, die Flasche geworfen zu haben und – der Dreistigkeit nicht genug – forderte eine strenge Bestrafung Konrads. „Es war ein Fehler, daß ich damals weitergespielt habe", sagt Konrad heute. Denn dadurch konnte sich Capello öffentlich darüber wundern, daß der Salzburger Tormann zwar nach dem Flaschenwurf noch zweimal mit guten Reaktionen abgewehrt hatte und erst nach dem 2:0 durch Simone endgültig k.o. gegangen war.

Noch in der Nacht des Skandalspiels bekamen die Salzburger einen kleinen Vorgeschmack darauf, wie weit der lange Arm des AC Milan reichte: Nur Minuten, nachdem sich Austria-Klubarzt Trost die Konrad-Röntgenbilder aus der San-Carlo-Klinik ins Hotel geholt hatte, fuhr ebendort mit Blaulicht ein Polizeiwagen vor, und die Uniformierten beschlagnahmten die Aufnahmen. Otto Konrad wurde am nächsten Tag mit einem Ambulanzjet nach Salzburg überstellt, mußte in weiterer Folge eine Woche pausieren.

Hochbetrieb hatten hingegen die Klubanwälte, und der von Austria Salzburg, Dr. Peter Weidisch, informierte im offiziellen Protestschreiben an die UEFA darüber, was – aus Salzburger Sicht – geschehen war. Demnach hätte Klubarzt Arthur Trost in der Halbzeitpause bei Konrad eindeutige Symptome einer Gehirnerschütterung festgestellt und diesem das Weiterspielen untersagt. Der Tormann hätte sich aber darüber hinweggesetzt und sei gegen den ausdrücklichen Willen des Arztes noch einmal ins Spiel gegangen. Dadurch, daß auch andere Wurfgeschosse aufs Feld geflogen wären, sei die gesamte Salzburger Mannschaft im Spielverhalten beeinträchtigt und somit eine Verfälschung des Spielverlaufes gegeben gewesen. Austria Salzburg beantragte eine Strafverifizierung der Partie.

Die Mailänder Rechtsabteilung war auch nicht faul. Auf fünf Seiten wurde gerade noch zugegeben, daß die drei Flaschen aufs Feld geflogen waren – was Millionen Fernsehzuschauer ohnehin übertragen bekommen hatten. Ansonsten aber stellte man Ferndiagnosen über Konrads Befindlichkeit („perfekter physischer Zustand"), zweifelte noch einmal an, daß der Tormann überhaupt getroffen worden war, und endete mit den unglaublich frechen Behauptungen, die Organisation des Spieles sei „sogar unter Berücksichtigung der spezifischen UEFA-Reglements perfekt" und der Flaschenwurf gegen Konrad „objektiv nicht schwerwiegend" gewesen. Untermauert wurde diese kühne Theorie mit einem Persilschein der Polizeipräfektur Mailand, die bescheinigte, daß außer diesem Zwischenfall alles in bester Ordnung gewesen sei. Mit einer Geldbuße, regten die Milan-Anwälte an, wäre die unliebsame Angelegenheit „angemessen" gesühnt. Die Mailänder verlangten also quasi Straffreiheit, denn eine Geldstrafe wäre beim reichsten Klub der Welt ein Fall für die Portokasse gewesen.

Der Masseur gab die Flaschen ...   *... an Referee Sundell weiter ...*   *... Konrad kühlte seinen Kopf.*

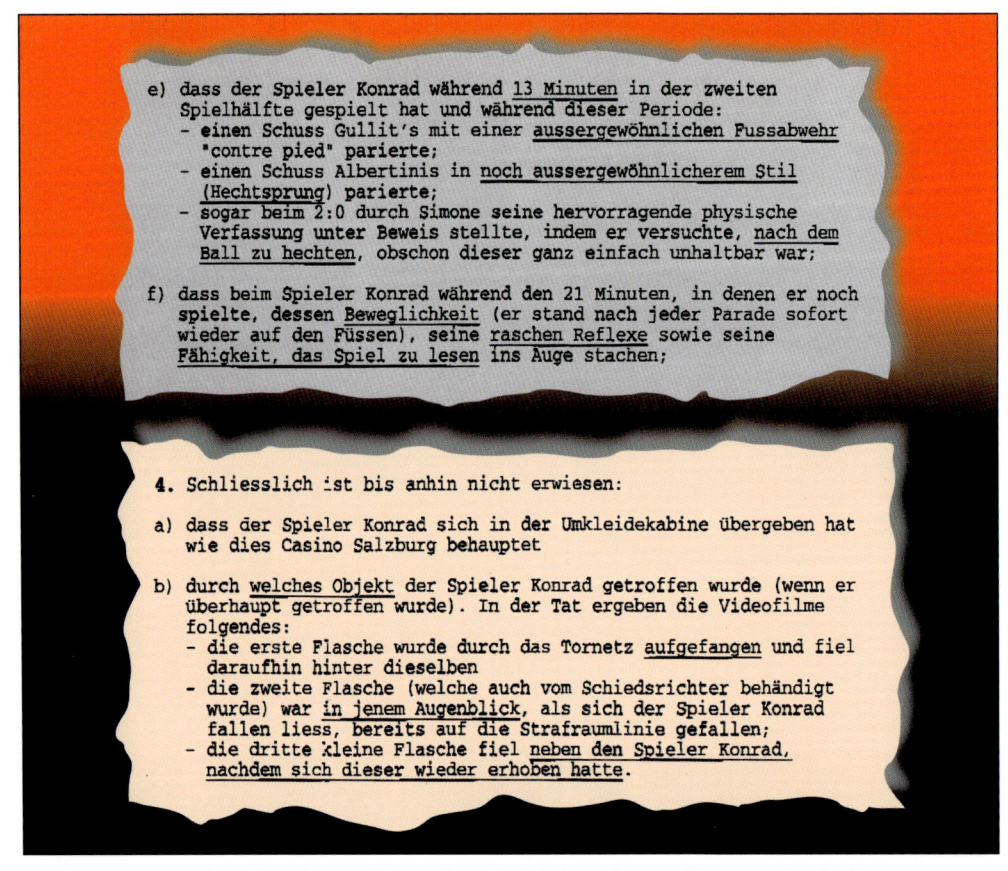

> e) dass der Spieler Konrad während 13 Minuten in der zweiten Spielhälfte gespielt hat und während dieser Periode:
> - einen Schuss Gullit's mit einer aussergewöhnlichen Fussabwehr "contre pied" parierte;
> - einen Schuss Albertinis in noch aussergewöhnlicherem Stil (Hechtsprung) parierte;
> - sogar beim 2:0 durch Simone seine hervorragende physische Verfassung unter Beweis stellte, indem er versuchte, nach dem Ball zu hechten, obschon dieser ganz einfach unhaltbar war;
>
> f) dass beim Spieler Konrad während den 21 Minuten, in denen er noch spielte, dessen Beweglichkeit (er stand nach jeder Parade sofort wieder auf den Füssen), seine raschen Reflexe sowie seine Fähigkeit, das Spiel zu lesen ins Auge stachen;
>
> 4. Schliesslich ist bis anhin nicht erwiesen:
>
> a) dass der Spieler Konrad sich in der Umkleidekabine übergeben hat wie dies Casino Salzburg behauptet
>
> b) durch welches Objekt der Spieler Konrad getroffen wurde (wenn er überhaupt getroffen wurde). In der Tat ergeben die Videofilme folgendes:
> - die erste Flasche wurde durch das Tornetz aufgefangen und fiel daraufhin hinter dieselbe
> - die zweite Flasche (welche auch vom Schiedsrichter behändigt wurde) war in jenem Augenblick, als sich der Spieler Konrad fallen liess, bereits auf die Strafraumlinie gefallen;
> - die dritte kleine Flasche fiel neben den Spieler Konrad, nachdem sich dieser wieder erhoben hatte.

So versuchte der AC Milan, die UEFA in seinem Sinn zu beeinflussen

Doch die Kontroll- und Disziplinarkommission der UEFA machte bei diesem üblen Nachspiel zum Skandal nicht mit und widerlegte die Mailänder Darstellungen in den zentralen Punkten scharf und deutlich, indem sie als erwiesen feststellte:

... daß schon in der 28. Minute, also vor dem Vorfall mit Tormann Otto Konrad, eine halbvolle Plastikflasche aus dem Milan-Fansektor in den Salzburger Strafraum geflogen war sowie vor und während des Spiels bengalische Feuer und unterschiedliche Wurfgegenstände von Milan-Anhängern in den Spielfeldbereich geworfen worden waren.

... daß Konrad von einer Flasche am Kopf getroffen worden war und dabei eine Schädelprellung mit Hautabschürfungen im Bereich des Hinterkopfs erlitten hatte. Damit, so die UEFA, sei erwiesen, daß es sich um einen schwerwiegenden Fall handelte.

Damit war die Milan-Behauptung, daß vor und nach dem Flaschenwurf gegen den Torhüter nichts passiert war, als Lüge enttarnt, und auch die Reinwaschung durch die Polizeipräfektur Mailand erschien nun in diffusem Licht. Auch die Bemühungen des AC Mailand, Konrad als Simulanten und Lügner hinzustellen und den Flaschenwurf als Bagatelldelikt abzutun, waren mit diesen Feststellungen als mieser Versuch einer Schuldumkehrung entlarvt.

Die UEFA ließ dem AC Milan zwar den 3:0-Sieg, nahm ihm aber die beiden Punkte dafür weg. Weiters sperrte sie das Meazza-Stadion für die folgenden beiden Heimspiele der Champions League.

Entscheidend für diesen Spruch war die Aussage des schwedischen Schiedsrichters Leif Sundell gewesen, der vor der UEFA zu Protokoll gegeben hatte: „Ja, ich habe gesehen, wie der Torhüter von der Flasche getroffen wurde." Damit war er Kronzeuge der Salzburger Anklage, denn sonst hatte keiner etwas gesehen. Nicht die Linienrichter, nicht der UEFA-Delegierte Wilhelm Hennes, nicht Schiedsrichter-Beobachter Michel Vautrot, der dafür „mit der größten sportlichen Aufrichtigkeit" festhielt, daß das 3:0 durchaus dem Spielverlauf entsprach. Womit er gewiß recht hatte, aber man stelle sich vor, was passiert wäre, wenn Schiedsrichter Sundell den Flaschenwurf auf Konrads Kopf nicht mit eigenen Augen gesehen hätte.

Womöglich wäre dann behauptet worden, der Salzburger Keeper hätte sich in der Halbzeitpause die in zwei Spitälern festgestellten Verletzungen selbst zugefügt – vielleicht durch einen Hieb mit einem Schuhlöffel, oder was gerade greifbar gewesen wäre. So aber wogen die Worte eines Unparteiischen am schwersten und beendeten böse wie dumme Spekulationen.

Die Mailänder gingen zwar noch in die Berufung, aber die wurde – auch unter dem Aspekt, daß Milan in den fünf Jahren davor 15 Mal wegen ähnlicher Vorkommnisse bestraft worden war – abgewiesen. Und wie zur Bestätigung dieses Spruchs ging am Abend des 26.Oktober, dem Tag der Berufungsverhandlung, im Meazza-Stadion der nächste Torhüter k.o. Im Cupderby Milan gegen Inter wurde Teamtorhüter Gianluca Pagliuca von einem Feuerzeug am Kopf getroffen. Auch er spielte nach einer Pflegepause weiter, obwohl wieder Flaschen und Münzen aufs Feld flogen.

Otto Konrad hatte damit nach Frankfurt zum zweitenmal international für Furore gesorgt, wenn auch diesmal in für ihn ziemlich schmerzlicher Form. Aber er gewährte den Medien nach der Bestätigung des UEFA-Urteilsspruchs nur drei Tage Konrad-Pause, ehe er fulminant abermals die Schlagzeilen besetzte und die TV-Bilder dominierte.

Im Auswärtsspiel gegen den FC Linz führten die Hausherren durch ein Tor von Christian Stumpf mit 1:0, als Salzburg in der allerletzten Minute einen Freistoß zugesprochen bekam. Otto Konrad sprintete in den gegnerischen Strafraum und versenkte die von Tomislav Kocijan getretene Freistoßflanke per Kopf im Kreuzeck. Er selbst bekam sein Tor gar nicht mit, weil ihn Linz-Kapitän Harry Gschnaidtner beim Luftduell mit dem Hinterkopf am Auge erwischte und Otto groggy am Boden lag, als seine Mannschaftskollegen

Otto, der Kopf: 1994 binnen vier Wochen zweimal mit Köpfchen in die internationalen Schlagzeilen

Otto, das Veilchen: Violettes Andenken an den Kopf-Treffer in Linz, Konrads zweites Tor des Jahres

Wie in jungen Jahren als stürmendes Kopfball-Ungeheuer: Konrad versenkt Kocijans Freistoßball im Kreuzeck

jubelnd die Arme hochrissen. Und er konnte natürlich in diesem Augenblick auch noch nicht wissen, daß er zum zweitenmal hintereinander das „Tor des Jahres" in Österreich erzielt hatte – als Tormann, wohlgemerkt. Und damit hatte Konrad wieder Geschichte geschrieben, denn so etwas hatte es davor noch nicht gegeben.

Der Salzburger Keeper hatte damit bei seinem Popularitäts-Steilflug das nächste Triebwerk gezündet, und was sich um ihn herum in diesem Jahr abspielte, hatte es im Lande bis dahin nicht gegeben. In Salzburger Schulen herrschte beim Zeichenunterricht ungewohnte Teilnahme, wenn den Schülern Otto Konrad als Thema gegeben wurde.

Zur Konrad-Autogrammstunde in einem großen Möbelhaus in der Nähe des Wiener Horrstadions kamen mehr Leute als zu den Heimspielen der Wiener Austria. In einem Linzer Großkaufhaus mußte eine Signierstunde abgebrochen werden, weil 3.000 Kinder so vehement in Richtung ihres Salzburger Idols drängten, daß die Sicherheit nicht mehr gewährleistet war. Und in der Nähe von Salzburg trampelten Fans fast die Rezeption eines Möbelhauses nieder, als Konrad und Co. zur Autogrammstunde zugegen waren. Der Fänger erreichte als Sänger mit den zwei Musik-CDs „Salzburg-Fans" und „Almhütt'n" eine Verkaufszahl von 42.000 Stück, eine Marke, die so manch professioneller Barde vergeblich anstrebt. Aber die ungeheure Popularität und auch die Professionalität Konrads, der sich in artfremde Projekte mit demselben Ehrgeiz hineinkniete wie in seinen Job als Fußballprofi, machten all das möglich.

Wobei es für den Keeper nicht nur fein war, dermaßen zu öffentlichem Gut geworden zu sein. Daß sich bis zu 50 Fanbriefe täglich für ihn türmten, Büstenhalter und Slip samt Foto der Trägerin zum Signieren geschickt wurden, war noch zu bewältigen. Daß eine Selbstmorddrohung einging, falls sich Konrad nicht mit einem Fan treffen wollte, ging hingegen

Otto, das Unterrichtsthema: Diese Walser Schüler wünschten sich Konrad in der Zeichenstunde

schon in eine andere, belastende Richtung. Auch Kinder, die daheim von den Eltern mißhandelt wurden, wandten sich in Briefen an den Salzburger Tormann. In einem Fall war die Schilderung eines kleinen Buben so schlimm, daß Konrad den Fall an die Polizei weiterleitete: „In Wirklichkeit, wenn du alles einbeziehst, bekommst du mit der ganzen Popularität nur einen Riesenhaufen an Verantwortung mit", bilanziert Konrad.

Zu 54 Pflichtspielen im Jahr 1994 kamen also all diese Pflichten und Bürden der Bekanntheit hinzu. Vor allem aber wurden Konrad, Pfeifenberger und Feiersinger auch vom Verein von Termin zu Termin gehetzt und als Zugpferde für den Ausbau des Fanshops zum gewichtigen gewinnbringenden Geschäftszweig des Klubs herangezogen. Konrad prangte unter anderem als Pappfigur in der Angebotspalette, Pfeifenbergers Konterfei lachte von Haarshampoos und Dusch-Gels, das von Feiersinger von Trinkjoghurt-Packungen. Im besten Jahr machte die Salzburger Austria mit dem Fanshop einen Gewinn von 16 Millionen Schilling. Weil viele dieser Termine und Verpflichtungen den Spielern wegen entsprechender vertraglicher Vereinbarungen mit der Austria relativ wenig und manchmal gar nichts einbrachten, mußten sie zusätzlich dazuschauen, das Popularitätshoch für die eigene Geldbörse auch noch auszunutzen.

Während des Erfolgszuges durch Europa und der damit verbundenen Geburt der Superstars für die mediale und kommerzielle Ausschlachtung war die Kluft zwischen Leuchtgestalten und Schattenfiguren mannschaftsintern noch kein Problem, weil alle auch an herausragenden Einzelleistungen mit den Prämien mitverdienten und vorerst auch akzeptieren konnten, daß sich ein Kollektiv ohne Heroenkult nicht verkaufen läßt. Das änderte sich aber bereits im großen Erfolgsjahr, und vor allem Otto Konrad begann mit seiner medialen Dauerpräsenz vielen in der Mannschaft langsam auf die Nerven zu gehen.

Eifersucht und Neid waren als Keim ins Mannschaftsgefüge eingepflanzt, und kombiniert mit einer Reihe anderer Faktoren begann noch im Jahr der Freude über Europacupfinale, ersten Meistertitel und Einzug in die Champions League ein hochexplosives Gemisch zu gären, das den Zerfall des sogenannten Salzburger Wunderteams einleitete. Und so auch das Ende der Häuptlinge im Stamm der Unbesiegbaren.

Salzburger Sparkasse Bank AG
Die Bank als Partner und Sponsor in Salzburg

Sport und Wirtschaft sind in unserer leistungsorientierten Gesellschaft nicht mehr voneinander zu trennen. Aufwendige Trainingsmethoden und das richtige Rüstzeug für den Aufstieg in den Spitzensport haben nun einmal ihren Preis. Aber der Einsatz lohnt sich. Seit Jahrzehnten liegen unsere Salzburger im Siegerfeld der österreichischen Spitzensportler. Sportsponsoring ist deshalb nicht nur eine noble Geste, sondern eine echte Notwendigkeit für unsere jungen Sportler, um dem internationalen Standard nicht nachzuhinken. Die Salzburger Sparkasse Bank AG hat es sich zur Aufgabe gemacht, dort zu helfen, wo es am nötigsten ist – mit gezielten finanziellen Zuschüssen. Auch „unsere" Austria kam lange in den Genuß dieser Unterstützung, und zwar auch schon zu einer Zeit, als sie als Werbeträger noch nicht so begehrt war wie heute.

Weniger spektakulär, aber genau so wichtig ist der Breitensport. Immer mehr Salzburger jeder Altersklasse erkennen den hohen Wert sportlicher Betätigung – als Freizeitspaß oder aus gesundheitlichen Überlegungen. Auch hier mischt die Salzburger Sparkasse Bank AG kräftig mit. Als Sponsor und Förderer unterstützt sie Sportveranstaltungen aller Art. Nicht zuletzt dadurch leistet sie auch einen wesentlichen Beitrag zum Ausbau des Fremdenverkehrs.

Damit schließt sich wieder der Kreis: Die enge Verbindung von Sport und Wirtschaft bringt Erfolge auf der ganzen Linie. Und einmal mehr beweist die Salzburger Sparkasse Bank AG, daß sie neben ihren Hauptaufgaben als bedeutendes Geldinstitut ihre sozialen Aufgaben ernst nimmt und voll erfüllt – aus Tradition und Überzeugung.

Ein besonders hoher Stellenwert innerhalb der Sponsortätigkeit im Bereich des Sportes wird der sportlichen Erziehung und Betätigung der Jugend beigemessen. So werden viele Disziplinen des Spitzen- und Breitensportes unterstützt.

Otto & Heimo: Vorbilder für die Jugend

Das zeigt sich in der Zusammenarbeit mit den Dachverbänden ASKÖ und Union, dem Tennispool oder der Unterstützung des Jedermann-Laufes. Und Jahr für Jahr nehmen an die tausend Schulen an den Veranstaltungen der Schülerliga Fußball und Volleyball teil. Die Schülerligen trugen unter anderem auch dazu bei, daß sich Schulen und Gemeinden mit ihrer Schulmannschaft identifizierten, setzten darüber hinaus neue Impulse für das Sportgeschehen und boten sportinteressierten Schülern ein neues, breites Betätigungsfeld.

Das Spiel ermöglicht es den Kindern, aus der Realität der Alltagswelt herauszutreten, sich zu entfalten und zu lernen, daß ein Fehlschlag oder eine Niederlage keine Schande ist, sondern zum Leben dazugehört. Und das ist eine gute Vorbereitung dafür, um sich später in der Realität der Alltagswelt besser zurechtzufinden.

Salzburger Sparkasse
Die Bank als Partner

KAMPF DER HÄUPTLINGE

Von außen betrachtet war die Saison 1994/95, in der Austria Salzburg in der Champions League so stark gespielt und am Ende in der heimischen Meisterschaft noch einmal die Nase vorne gehabt hatte, wieder eine sehr erfolgreiche gewesen. Innen, im Gefüge, stimmte aber bereits zum Zeitpunkt des zweiten Titelgewinnes in Folge vieles schon nicht mehr. Als die Salzburger in der Qualifikation für die Champions League gegen Steaua Bukarest rausflogen und international damit für den Rest des Jahres weg vom Fenster waren, brachen alle Dämme, hinter denen sich zuvor die negativen Strömungen aufgestaut hatten.

Ein Teil der Mannschaft, angeführt von Kapitän Heimo Pfeifenberger, trat offen gegen Trainer Otto Baric auf. Der warf kurz nach dem Ausscheiden gegen Steaua das Handtuch – nach einem 0:3 bei Austria Wien, in dem einige Spieler so lustlos agierten, daß Klubchef Rudi Quehenberger von Arbeitsverweigerung sprach. Hermann Stessl, als Nachfolger geholt, wurde schon nach dem ersten Frühjahrsspiel, dem 0:3 daheim gegen Ried, wieder gefeuert.

Und auch Heribert Weber, der die Mannschaft ein Jahr später wieder an die Spitze führen sollte, konnte in dieser Saison als Trainer nicht mehr verhindern, daß das gefeierte Star-Ensemble plötzlich mitten im Abstiegskampf war und die Saison nur auf Rang acht beendete. Baric hätte sich als Trainer abgenützt, die Stars wären satt geworden – das war der Kurzbefund der Öffentlichkeit, mit dem der tiefe Fall der Höhenflieger begründet wurde. In Wahrheit war es das Ende eines Prozesses gewesen, der einerseits den Charakter einer Gesetzmäßigkeit hatte, andererseits aber auch in den spezifischen Eigenheiten der handelnden Personen und deren Zusammenwirken begründet war.

Die eine Gesetzmäßigkeit, die dem Salzburger Absturz zugrunde lag, ist einfach. Wenn Hunger gestillt wird, ist man satt – und das gilt selbstverständlich auch für den Erfolgshunger. Austria Salzburg war als Mannschaft in die Erfolgszeit gestartet, die zweimal hintereinander den Titel nur um Haaresbreite verpaßt und entsprechenden Erfolgshunger aufgestaut hatte.

Nach Beendigung der Mahlzeit hatte sie zwei Meistertitel, ein Europacupfinale und eine Champions-League-Teilnahme intus. Davon wären auch weitaus größere Esser satt geworden. Der AC Milan beispielsweise stürzte im Jahr nach seinem spektakulären 4:0-Triumph von Athen im Finale der Champions League gegen den FC Barcelona in der italienischen Meisterschaft ab – mit der im wesentlichen identischen Mannschaft.

Die zweite Gesetzmäßigkeit ist die, daß gemeinsame Erfolge auf dem Weg zu einem gemeinsamen Ziel die Gruppendynamik einer Mannschaft ganz auf dieses Ziel konzentrieren. Aber dann tritt meistens das ein, was Dettmar Cramer, als Trainer mit Bayern München 1975 und 1976 Meistercupsieger, und seine Co-Autorin Birgit Jackschath im Buch „Fußballpsychologie" so formulieren: „Wenn das gemeinsame Ziel die gruppendynamischen Kräfte nicht mehr bündelt – sei es, weil das Ziel erreicht, sei es, weil es verfehlt ist – bröckelt die Tünche ab, und alte Konflikte brechen mit Vehemenz auf."

In Salzburg war beides der Fall: Das gemeinsame Ziel war mehr als erreicht, das nächste, die neuerliche Qualifikation für die Champions League, die den Zerfall der Truppe wohl noch um einige Monate verzögert hätte, war verfehlt. Und es gab auch ausreichend Konfliktstoff auf dem Weg zur Selbstzerfleischung des Wunderteams und seines Erschaffers.

> „Als ich nach Salzburg gekommen bin, sind die Spieler und Funktionäre noch in anderen Sphären geschwebt. Die waren allesamt noch oben im Europacup-Himmel."
> **Hermann Stessl**

Die Häuptlinge Feiersinger, Konrad und Pfeifenberger begannen in verschiedene Richtungen zu reiten

Daß beim Ausbruch dieser Konflikte Otto Baric als erster auf der Strecke blieb, hatte mehrere Ursachen. Die eine war, daß ein Eckpfeiler seines Führungsprinzips brüchig geworden war. Baric ist ein Trainer, der eine Mannschaft weitgehend sich selbst überläßt, der ein paar Spieler hat, die für ihn die internen Spannungen und Reibereien regeln. Solange Heribert Weber und Kurt Garger in der Salzburger Mannschaft die Häuptlinge des Otto Baric waren, also bis zum Europacupfinale und dem ersten Meistertitel, funktionierte dieses Prinzip – wenn auch nicht immer ganz friktionsfrei. Aber Heri Weber war trotz mancher Spannungen mit anderen starken oder verdienten Spielern ein unumstrittener Chef, haute gelegentlich auf den Tisch, hielt sich aber privat von der Mannschaft fern und ließ dort Garger in seinem Sinn arbeiten und zur Ordnung rufen, wenn er es für angebracht hielt. Anders ausgedrückt: In der internen Hierarchie hielt das Duo Weber und Garger alle anderen in Schach, auch die Salzburger Lokalheroen und Publikumslieblinge Pfeifenberger und Feiersinger.

Als die beiden Alten die Meistertruppe verließen, brauchte Otto Baric neue Häuptlinge. Die mußte er nicht suchen, denn die hatten sich durch den Europacup aufgedrängt. Otto Konrad und Heimo Pfeifenberger übernahmen das Kommando, Wolfgang Feiersinger und Peter Artner waren ihre eigenen Chefs.

Feiersinger, der sensible, introvertierte Typ, den der ganze Rummel während des Erfolgslaufes am wenigsten interessiert hatte, war durch seine Leistungen auf dem Spielfeld eine Autorität geworden, ihm mangelte es aber an Führungsqualitäten. Gleichzeitig fühlte er sich aber zu einem Spieler gereift, der sich von niemandem mehr dreinreden lassen mußte – auch, und später vor allem, nicht mehr vom Trainer.

Und Peter Artner war ein Außenseiter, der wegen seiner vielen Länderspiele zwar Respekt genoß, aber im Mannschaftsgefüge nicht als Autorität anerkannt

Die neuen Häuptlinge Konrad und Pfeifenberger konnten den Stamm der Austrianer nicht zusammenhalten

wurde, weil er nicht in die ihm zugedachte Rolle eines Leistungsträgers fand. Was ihn allerdings nicht hinderte, sich trotzdem wie ein solcher zu fühlen.

Und da gab es mit Christian Fürstaller noch die graue Eminenz, die ebenfalls an der Hierarchiespitze thronte. Den hatte Rudi Quehenberger, bei dem Fürstaller als Personalchef arbeitete (inzwischen ist er in die Geschäftsführung aufgestiegen), in eine hochgradig problematische Rolle gedrängt. Er war als Spieler gleichzeitig für die Verträge seiner Kollegen zuständig, mußte mit jenen um Prämien feilschen, mit denen er sie dann gemeinsam einstreifte. Es war eine Rolle, die den biederen Salzburger Manndecker zwar in hierarchische Höhen brachte, die er sonst wohl nie erreicht hätte, mit der Quehenberger aber Fürstaller selbst und auch der Mannschaft keine große Freude bereitet hatte. „Ich glaube, Christian hat unter dieser Zwitterstellung oft selbst sehr gelitten", ist auch Otto Konrad überzeugt.

Fürstaller fiel aber dann verletzungsbedingt aus der Führungsspitze heraus, womit Pfeifenberger, der Kuschelkapitän, und Konrad, der Mann der frontalen internen Attacke, übrigblieben. Solange diese beiden Spieler mit Baric in eine Richtung zogen, klappte dessen Führungsprinzip noch. Aber dann bog Heimo Pfeifenberger ab. Frustriert davon, daß ihn Baric ständig als Notnagel verwendete, der einmal Manndecker, einmal Staubsauger, einmal Flankenturbo und einmal Sturmspitze spielen sollte, begann sich Pfeifenberger von Baric abzusetzen: „Ich weiß schon gar nicht mehr, wie man ein Kopftor macht, weil ich dauernd hinten hoch herausköpfeln muß", beklagte das frühere Kopfballungeheuer den Verlust seiner Stärken, den er Baric zuschrieb.

Feiersinger hatte sich auf seine Art ohnehin schon geraume Zeit vom Trainer distanziert, indem er ihn ganz einfach nicht mehr ernst nahm. Als diese beiden Spieler gemeinsam mit Franz Aigner in der Enttäuschung über die verpaßte Chance nach dem Steaua-Spiel bis in die Morgenstunden in der Hotelbar ihren Frust hinunterspülten und dabei mit unverhohlener Baric-Kritik bei einem Teil der Salzburger Klubführung weit geöffnete Ohren fanden, zeichnete sich das Ende der Ära des Erfolgstrainers bereits ab.

Obwohl etwa Nikola Jurcevic überzeugt ist: „Hätte Baric bleiben wollen, dann wäre er auch geblieben. Aber es war schwer, mehr aus dieser Mannschaft herauszuholen, und er hat auch gespürt, daß er keinen Einfluß mehr hatte und die Spieler nicht mehr motivieren konnte." Auch Baric selbst führt sein Ende in erster Linie darauf zurück, daß seine verlängerten Arme in der Mannschaft nicht mehr in dieselbe Richtung zogen: „Wenn zwei so intelligente Spieler wie Weber und Konrad oder danach Konrad und Pfeifenberger mit einem Trainer zusammenarbeiten, dann läuft es. Wenn aber einer der Anführer auf die Seite zieht, dann funktioniert es nicht mehr. Man hat das bei Pfeifenberger gesehen, und die Auswirkungen haben sich sofort auf dem Platz gezeigt." Der Trainer also als Opfer einer Meuterei von Spielern, die er nicht mehr bändigen konnte?

> *„Ich halte von Baric als Trainer extrem viel. Daß er aber gleich zweimal hintereinander in der Transferzeit so danebenhaute, war der Grund, warum es bei uns zu gären begonnen hat."*
> **Otto Konrad**

Das stimmt nicht ganz, denn Baric hatte seinen Teil dazu beigetragen, daß sich bei den Spielern, und da vor allem bei den Leistungsträgern, vieles angestaut hatte – hauptsächlich mit seiner Transferpolitik. Nach dem Erreichen des UEFA-Cup-Finales rüstete Salzburg zwar zweimal mächtig auf, investierte in neue – laut Baric stets „besondere" – Spieler, aber im Endeffekt blieb alles wieder an den bisherigen hängen:

„Es ist sehr schwierig, wenn du gefordert bist, immer wieder etwas zu bestätigen. Die Pferde, die den Karren ziehen, werden auch einmal müde und möchten ein Stück mitgezogen werden. Uns ist immer

An einem Strang zogen die Meisterkicker nach dem zweiten Titelgewinn nur noch für den Fotografen

gesagt worden, es kommen Neue und Bessere. Gekommen sind nur Neue, und die sind gleich hinten auf dem Wagen gesessen, und gezogen haben wieder dieselben. Die haben dann auch noch die Watschen gekriegt – ob zurecht oder zu Unrecht, will ich nicht bewerten", war auch Konrad, der immer pro Baric gewesen war, in diesem Punkt schwer enttäuscht.

Beim Steaua-Spiel in Bukarest, dem Verfallsbeschleuniger schlechthin, brach dieser Frust durch. Dean Racunica, der Mannschaft von Baric als kroatische Version von Hansi Müller angepriesen, Tibor Jancula, nach einem einzigen Testspiel gegen Horn verpflichtet und von Baric im Erklärungsnotstand sofort als „besserer Jurcevic" apostrophiert, und Christian Prosenik, teuerster Einkauf der Salzburger Klubgeschichte, erwiesen sich wieder nicht als die erhofften Verstärkungen, die die bisherigen Leistungsträger hätten entlasten können – und sie waren in Bukarest entweder nicht einmal erste Wahl oder nur Mitläufer. Stattdessen sollten Spieler wie Adi Hütter oder Franz Aigner, die der Trainer in der Vorbereitung ziemlich weit links hatte liegen lassen, im Moment der Wahrheit die Kastanien aus dem Feuer holen.

Zudem entlud sich nach der verpaßten Champions-League-Qualifikation auch der Zorn einiger Spieler, daß Baric entgegen der Ankündigung von Klubchef Quehenberger gegenüber Pfeifenberger und Co. doch noch ein Jahr verlängert hatte. Denn die hatten, während sie sich, bereits schwer krisengeschüttelt, noch zum zweiten Meistertitel hantelten, fix damit gerechnet, im Sommer einen neuen Trainer zu bekommen: „Dieser zweite Meistertitel hat noch über viele Probleme hinweggetäuscht. Baric hat mit allen Mitteln noch das Letzte herausgeholt, und die Bereitschaft war bei den Spielern da, noch einmal alles aus sich herausholen zu lassen. Diese Bereitschaft war nach dem

Steaua-Spiel nicht mehr da", sagt Otto Konrad. Das zeigte sich deutlich am „Vorfall Austria Wien". Drei Tage nach Bukarest ließen sich die Salzburger von der Austria im Horrstadion nahezu widerstandslos mit 3:0 besiegen, wobei Heimo Pfeifenberger schwört:

„Ich hätte nie absichtlich gegen Baric gespielt, und es hat auch keine Abmachung unter den Spielern gegeben, dort zu verlieren, um damit den Trainer loszuwerden. Aber wir waren einfach komplett leer, vielleicht hat es deshalb so ausgeschaut." Leo Lainer wird deutlicher: „Baric hatte vor dem Spiel Pfeifenberger, Feiersinger und Aigner kritisiert, weil sie in Bukarest nach dem Ausscheiden gegen Steaua lange an der Bar geblieben waren. Die haben auf den Trainer gepfiffen, und von uns anderen ist auch nicht mehr viel gekommen. Abgesprochen war nichts, aber es hat dann die ganze Mannschaft so gespielt, daß keine andere Chance mehr da war, als die Ära Baric zu beenden."

Es läuft wohl darauf hinaus, daß Baric selbst seine Zeit in Salzburg überzogen und es damit versäumt hatte, als strahlender Sieger abzutreten. Denn im Anschluß an die großen Erfolge unterliefen ihm zwei gravierende Fehler: Er holte auf dem Transfersektor weitgehend überflüssige Masse in den Klub, anstatt ein, zwei Klasseleute mit Siegermentalität und Führungsqualität einzubauen. Heri Weber wurde nicht nur als Spieler, sondern auch als Anführer und verlängerter Arm des Trainers nie ersetzt, und es war Baric' zweiter Fehler, nach Webers Abgang weiter an die selbstregulierenden Kräfte in der Mannschaft zu glauben, denn es wurde danach in zu viele verschiedene Richtungen gezogen – mit nur einer gemeinsamen Tendenz: Der Respekt vor dem Trainer entwickelte sich gegen Null. Nikola Jurcevic schreibt diese Entwicklung in der Retrospektive aber zum Teil Baric selbst zu: „Er zeigte nach Europacupfinale und Titelgewinn keinen Respekt vor den Spielern, schimpfte und kritisierte in belanglosen Testspielen, in denen wir noch müde und ausgelaugt von der langen Saison waren. Wenn Spieler im Ansehen wachsen, können sie Kritik nicht mehr so akzeptieren, egal, ob der Trainer recht hat oder nicht. Die Spieler haben sich auch etabliert und fühlen sich wichtiger."

Baric wuchsen die großteils unter seiner Fürsorge groß gewordenen Stars jedenfalls über den Kopf, ihm entglitt die Kontrolle über die Mannschaft, und er kam bei manchen Partien in der Halbzeitpause kaum noch zu Wort, weil fünf Spieler mit- und durcheinander schrien. Abfällige Gesten in Richtung Trainer bis hin zum Götz-Zitat hielten in den Trainingsalltag Einzug, und diese anarchischen Tendenzen wurden zunehmend unkontrollierbarer und massiver.

Die vorgesehenen oder dazu befähigten „Häuptlinge" unter den Spielern wollten oder konnten auch nicht eingreifen. Otto Konrad, der dazu von der Ambition und dem Typ her noch am ehesten in der Lage gewesen wäre, war

Baric konnte den erfolgsverwöhnten Spielern nicht mehr die Richtung vorgeben. Ein Teil von ihnen begann sich von ihm abzuwenden.

aufgrund diverser Begünstigungen, die er unter Baric genoß und die es ihm erlaubten, sich auch um seine inzwischen um die Filiale in Salzburg angewachsene Firma zu kümmern, als interner Kritiker nur noch bedingt geeignet. Denn manche seiner Kollegen gönnten ihm den Sonderstatus nicht unbedingt und ließen ihn das bei Bedarf auch spüren – mit der Empfehlung kombiniert, er möge unter diesen Umständen gefälligst den Mund halten. Pfeifenberger hatte keine rechte Lust, dem von ihm nicht mehr besonders geschätzten Trainer intern auch noch die Mauer zu machen.

Pfiat Gott, Salzburg: <u>Feiersinger</u> ging als Zweiter

Und Feiersinger war so weit, daß er Baric nicht einmal mehr reden hören konnte, ohne aggressiv zu werden.

Wie immer, wenn etwas den Bach hinuntergeht, wurden auch in diesem Fall Erklärungen und Argumente bemüht, die nur Rechtfertigungscharakter hatten. Einer der Punkte war, daß plötzlich Baric' Trainingsgestaltung in die Kritik einiger Spieler geriet. Nur hatte Baric auch während der großen Erfolge nicht anders trainiert, und Otto Konrad versuchte – erfolglos – eine dieser internen Diskussionen so zu unterbinden: „Ihr braucht nicht herumzureden, wie wir trainieren, sondern nur zu schauen, wo wir stehen." Obwohl auch der Tormann bestätigt: „Wir haben in den ganzen Jahren nicht eine Standardsituation trainiert, in diesem Punkt war bei uns alles auf Zufall aufgebaut. Aber es ist halt auch von den Spielern diesbezüglich zuwenig gekommen, denn so etwas hätte man vom Trainer auch einfordern können, anstatt sich nachher zusammenzusetzen und darüber zu schimpfen, daß er es nicht von sich aus tut."

Nach dem Baric-Abgang kam es auch zum Kampf der Häuptlinge in der Mannschaft: Pfeifenberger, Feiersinger und Aigner teilten Otto Konrad mit, daß sie nicht an der Abschiedsfeier des Trainers im Pitterkeller teilnehmen würden: „Ich habe ihnen gesagt: Geht zumindest hin, trinkt ein Bier und geht wieder. Alles andere schaut nach dem Austria-Wien-Spiel wie ein Schuldeingeständnis aus", erinnert sich Konrad.

Die drei „Rebellen" gingen nach heftigem Streit mit Konrad nicht hin, und Heimo Pfeifenberger gibt heute zu: „Das war eine Dummheit. Der Boykott war sinnlos. Wir hätten dort einfach hingehen müssen, und ich würde so etwas nie wieder machen, weil es mir einfach nicht zusteht. Ich kann jetzt erst richtig die Arbeit von Baric respektieren, aber damals war es eben so, daß wir ihn nicht einmal mehr hören konnten. Aber das ist keine Rechtfertigung für unseren Fehler."

Unter diesen Umständen hatte Hermann Stessl als Nachfolger schon in dem Augenblick keine Chance,

Nikola Jurcevic gegen Milan-Legende Franco Baresi (r.): Otto Baric hatte zuwenig Respekt vor den Spielern

etwas zu bewirken, als ihn Klubchef Quehenberger den Medien präsentierte. Im selben Moment schlugen die Spieler, die indirekt soeben die Ära Baric beendet hatten, nämlich bereits die Hände vorm Gesicht zusammen. Und dann vertraute Hermann Stessl auch noch genau darauf, woran schon Otto Baric gescheitert war, nämlich auf die Eigenverantwortlichkeit der Mannschaft. In einer Truppe, in der ein Teil der Spieler nur noch auf den Auslandstransfer, ein anderer Teil mangels Mündigkeit auf den Peitschenknaller und ein dritter Teil lediglich auf bessere Zeiten wartete, war diese Arbeitseinstellung von vornherein Selbstmord.

In dieser Konstellation löste sich auch das Dreigestirn aus glanzvollen Europacuptagen endgültig auf: Otto Konrad, der nach Stessls Bestellung einen letzten Versuch unternommen hatte, die schwere Krise in Mannschafts-Eigenverantwortung zu beenden und dafür sogar seinen Intimfeind Peter Artner in die Arbeitsgruppe einzubeziehen bereit war, zeigte sich damals enttäuscht von Heimo Pfeifenberger, weil er die volle Unterstützung des Kapitäns vermißte: „In dieser Phase, als er als Kapitän wirklich dringend gebraucht worden wäre, war Heimo nicht präsent genug." Eine Kritik, die der geradlinige Salzburger Ex-Kapitän aus heutiger Sicht sogar gelten läßt. Aber er hatte sich zu diesem Zeitpunkt schon langsam aus dem Austria-Trümmerhaufen zu verabschieden begonnen: „Für mich waren die vier Jahre in Salzburg die absolut schönsten meiner Karriere, aber ich habe auch gewußt, daß da nichts Schöneres mehr nachkommen kann. Als ich dann in Bremen war, habe ich gewußt: Pfeifi, es ist gut, daß du weg bist."

Daß auch ihr Weg aus Salzburg wegführen würde und wohl auch müßte, bekamen Otto Konrad und Wolfgang Feiersinger im Sommer bei der Kapitänswahl zu spüren: Die Mannschaft, wohl zu lange von hierarchischer und medialer Dominanz der „Großen Drei" beengt, befreite sich mit der Kür von Adi Hütter aus der Umklammerung der Leuchtfiguren von 1994 und signalisierte so auch das Ende einer Ära. Heimo Pfeifenberger, dessen Schleife zur Disposition stand, ist überzeugt: „Das war ein Signal der Mannschaft. Es war weniger eine Wahl für Hütter, als eine gegen Konrad und Feiersinger."

So sehr ihn dieser Vertrauensentzug der Mannschaft auch schmerzte, Konrad hatte es genau wissen wollen, was er instinktiv schon gespürt haben mußte. Denn er war es gewesen, der auf einer geheimen Wahl bestanden hatte, bei der jeder wählbar war, wohl im Wissen, daß von Angesicht zu Angesicht so manche Hand nach oben gefahren wäre, die im Geheimen einen anderen Namen auf den Abstimmungszettel schreiben würde. Und weil Konrad Niederlagen haßt, legte er auch gleich seine Funktion im Spielerrat nieder. Feiersinger, der das Signal auch empfangen hatte, intensivierte die Klubsuche und wechselte wenig später nach Dortmund. Bei Konrad dauerte es bis zum Winter, aber dann war auch er weg und übersiedelte nach Saragossa. „Ich glaube, es war gut, daß wir alle drei gegangen sind, und es hat so kommen müssen. Es war einfach zuviel mit diesen ganzen Autogrammen und PR-Terminen. Ich glaube, wenn einer von uns geblieben wäre, hätte es immer wieder Reibungspunkte gegeben", meint Heimo Pfeifenberger aus heutiger Sicht.

Kurt Garger wird noch deutlicher: „Für mich war der Schlüssel zum dritten Meistertitel für Salzburg, daß alle drei gegangen sind – plus Artner." Wobei man fairerweise schon festhalten muß, daß Otto Konrads nur neun Gegentore in der Herbstsaison vor seinem Wechsel nach Spanien Austria Salzburg auf dem Weg zum Titelgewinn 1997 sicher nicht behindert haben.

Einen hochinteressanten Punkt im Zusammenhang mit dem Zerfall der sogenannten großen Salzburger Mannschaft und dem Auseinanderdriften der Spielfeld- und Medienstars gibt es noch: Nach dem Gewinn des zweiten Meistertitels und dem Ausscheiden gegen Steaua Bukarest fielen Fürstaller (für immer), Pfeifenberger und Feiersinger lange verletzt aus, und auch Otto Konrad hatte größte Probleme mit seinem Knie, die er aber – wie immer –

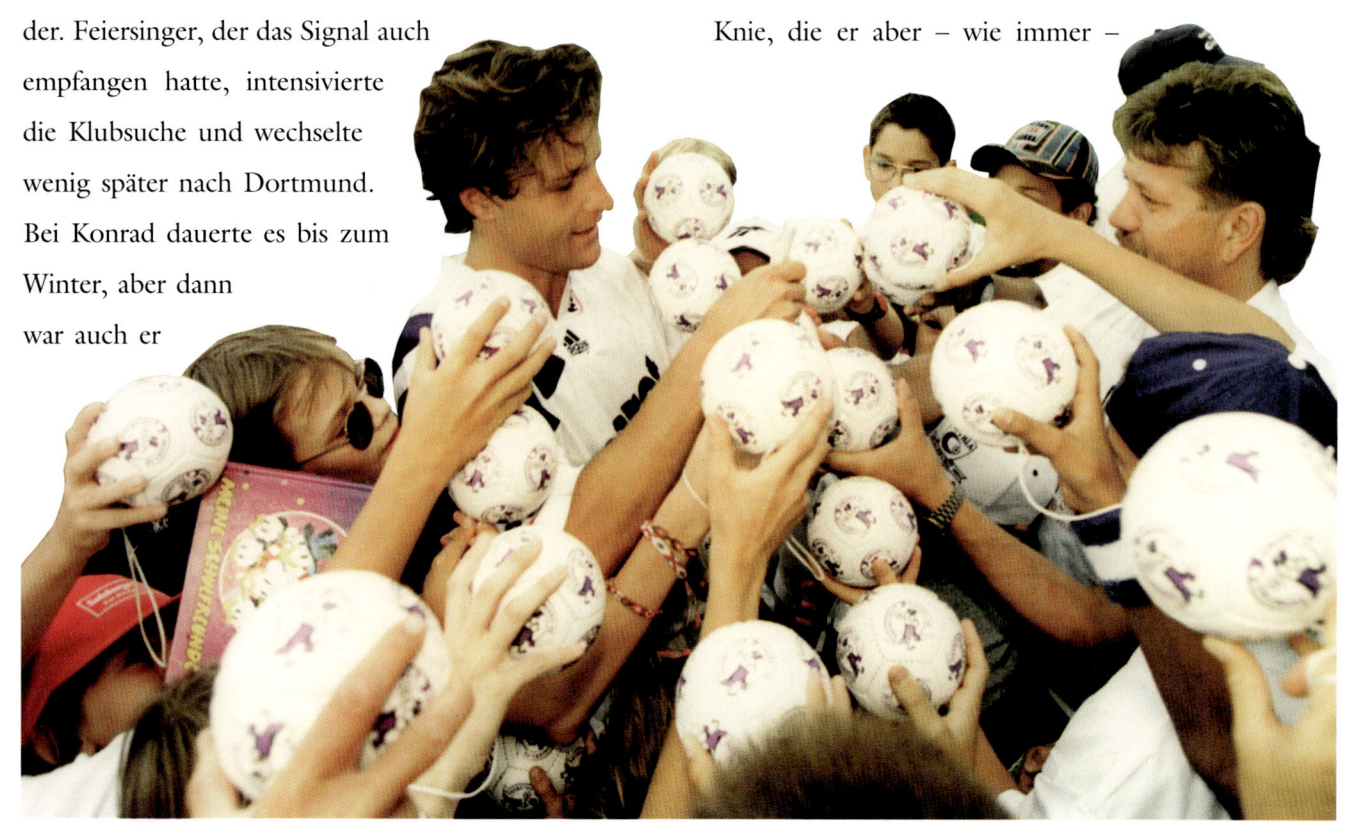

Heimo Pfeifenberger: Autogramme, PR-Termine und Spiele wurden irgendwann zuviel für die „Großen Drei"

überspielte. Thomas Muster schreibt in seiner Autobiographie „Aufschlag" zu diesem Thema: „Ist der Körper verletzt, ist die Psyche auch angeschlagen. Oder umgekehrt. Sind deine Gedanken durcheinander, sind die Beine, die Arme schwerer. Und du bist verletzungsanfälliger, eine Zerrung ist wahrscheinlicher, wenn du im Hirn nicht fit bist. Der psychosomatische Muskelfasereinriß."

Es fällt schwer, an einen Zufall zu glauben, wenn sich just in der Phase des Zerfalls alle Leithammeln in der Salzburger Mannschaft mit gravierenderen Verletzungen und Problemen herumzuschlagen hatten.

Konrad, Pfeifenberger und Feiersinger waren bis zum Jahr 1994 ganz normale Fußballer gewesen, ein wenig besser als andere, aber nicht mehr. Ab diesem Jahr aber waren sie nicht nur wohlhabend und begehrt, sondern sie hatten eine zentnerschwere Verantwortung zu tragen, mit der der eine besser, der andere weniger gut umgehen konnte. Sie wurden durch die gesamte Palette dessen geschleift, was heute zum Berufsbild eines Sportstars gehört, und auch wenn das manche Annehmlichkeit und einen Haufen Geld einbrachte, ist so etwas auch ungeheuer anstrengend.

Sogar Otto Konrad, der diesen Platz ganz oben immer angestrebt hatte, und zwar mit allem, was dazugehört, war Ende 1994 fix und fertig – und er war aber bezüglich Öffentlichkeitsarbeit und Popularitätspflege noch derjenige, dem all das grundsätzlich viel bedeutete. Deshalb verwundert es nicht, daß andere, wie Pfeifenberger oder Feiersinger, die es grundsätzlich lieber etwas ruhiger haben, von all dem Trubel noch mehr belastet und in Reaktionen getrieben wurden, die sie heute, mit dem nötigen Abstand, anders sehen können: „Wir drei hatten nie wirklich große Probleme miteinander, aber die Entwicklung auseinander war völlig normal und für jeden von uns wohl auch wichtig und richtig", bilanziert Otto Konrad das Ende als Einheit der drei Bannerträger des fulminanten Salzburger Triumphzuges durch Europa.

Adi Hütter: Befreiung von den Lichtgestalten

Und grundsätzlich wird schon stimmen, was Dirk Schümer in seinem Buch „Gott ist rund" zu diesem Thema feststellt: „Zum Jubeln über einen Meistertitel bleiben höchstens zwei Jahre Zeit. Dann beginnt die Hetzjagd der anderen. Die Helden fordern höhere Gehälter, drohen, ins Ausland abzuwandern; Verdrängungsprozesse fordern Opfer, schaffen Querelen. Daß ein Meister seinen Titel verteidigen kann, wird unter solchen Verhältnissen äußerst unwahrscheinlich. Wer eben noch den Gipfel stürmte, ist morgen schon der Häme ausgesetzt. Wer stehenbleibt, ist schon zurückgefallen ... Offenbar verschieben sich auch im Fußball die Kräfteverhältnisse ständig, und die immer drastischere Anpassung an die Bedürfnisse des Marktes läßt die satten Sieger in Windeseile veralten. Die Halbwertzeit einer großen Fußballmannschaft währt derzeit weniger als zwei Jahre."

Die des Salzburger Teams währte ziemlich genau eineinhalb. Die wonnevolle Erinnerung daran wird aber mit Sicherheit viel länger anhalten.

RONALDO STATT ROSENEGGER

Otto, der Legionär: In der 600.000-Einwohner-Stadt Saragossa fühlt sich Konrad inzwischen rundum wohl

Es passierte bei der Weihnachtsfeier der Salzburger Austrianer am 21. Dezember 1996 im Hotel Bauer von Austria-Vizepräsident Hans Gegenhuber. Klubchef Rudi Quehenberger hatte den Anwesenden als vorgezogenes Weihnachtsgeschenk gerade einen Vierjahresvertrag mit Torjäger Edi Glieder präsentiert, da zog ihn Otto Konrad zur Seite: „Rudi, ich habe ein Angebot von Saragossa bekommen. Wie schaut es mit meinem Vertrag aus?" An diesem 21. Dezember lief nämlich die Frist ab, bis zu der Quehenberger einen von Konrad vorgelegten und bereits unterschriebenen Fünfjahresvertrag zu Topkonditionen hätte gegenzeichnen können. Aber Quehenberger schreckte vor diesem ebenso langfristigen wie mächtigen Budgetposten zurück, und außerdem war sein Torhüter trotz konkreter und lukrativer Angebote von Galatasaray Istanbul und Sporting Lissabon schon in der Vergangenheit jedesmal in Salzburg geblieben. Darauf vertraute der Salzburg-Boß in diesem Augenblick auch.

Diesmal war aber einiges anders. Konrad hatte als letzte verbliebene Lichtgestalt der großen Mannschaft von 1994 inzwischen die internen Umwälzungen und Verschiebungen der Machtverhältnisse zur Kenntnis genommen und war noch mehr zum Einzelgänger im Salzburger Ensemble geworden. Zudem schien ihm langsam, nachdem schon der Zug mit der Nationalmannschaft definitiv ohne ihn abgefahren war, auch die Chance auf einen Auslandstransfer zu entfleuchen. Und nachdem Quehenberger sein Vertragsangebot nicht schlucken konnte oder wollte, trübten sich auch in Österreich die Aussichten auf das große Abkassieren als Profifußballer im Herbst der Karriere zunehmend ein. Da war der Hilferuf des in Abstiegsnöten befindlichen Europacupsiegers von 1995 mehr als nur eine

Überlegung wert – auch wenn Real Saragossa keine der ganz großen Adressen war, die man als Krönung einer Karriere in einem Fußballparadies erträumt: „Es muß einem als österreichischem Fußballer klar sein, daß für den Sprung zu einem internationalen Spitzenverein wirklich alles haargenau zusammenpassen muß", begründet Konrad, warum dieser Faktor für ihn bei der Entscheidungsfindung höchstens drittrangig war. Und das Angebot, das Klubpräsident Alfonso Solans, ein Matratzenfabrikant mit geschätzten fünf Milliarden Schilling Privatvermögen, dem Salzburger Tormann machte, war ohnehin Kategorie A.

Leicht fiel es Konrad dennoch nicht, am 2. Jänner mit seiner Frau Manuela und Transfervermittler Hubert Baumgartner in Wien ins Flugzeug nach Spanien zu steigen, um den Wechsel über die Bühne zu bringen. In Salzburg hatte er sich mit seinen großartigen Leistungen sportlich die Unantastbarkeit bis Karriereende gesichert, seine Bandagistenbetriebe in Graz und Salzburg florierten, sein schönes Haus am Stadtrand von Graz war bezugsfertig. Kurz: Otto Konrad hatte tiefe Wurzeln geschlagen, und es war nicht einfach, die für zweieinhalb Jahre auszureißen.

Noch schwieriger als der Weg zum Flugzeug waren dann aber in Saragossa die Vertragsverhandlungen. Die zeigten aber wieder einmal, wie hochprofessionell der Salzburger Tormann war, denn er hatte für diese Vertragsgespräche zwei heiße Drähte gelegt, über die er jede Frage, jeden Zweifel zur Beantwortung und Klärung nach Österreich schickte: zu seinem juristischen Berater Christian Flick nach Graz, und zu seinem Steuerberater Martin Artner nach Weiz. Und vor allem dieser zweite Kontakt hätte beinahe zum Platzen des Transfers geführt. Denn Artner stieß auf ein brandneues spanisches Bundesgesetzblatt, das die in Spanien bis dahin übliche und auch im Fall Konrad geplant gewesene Bezahlung über eine dem Klub vorgeschobene Agentur per 1. Jänner 1997 untersagte.

Konrad ließ sich dieses Dokument sofort ins Büro von Real Saragossa faxen und hielt es den spanischen Verhandlern unter die Nase. Die wurden kreidebleich, denn sie kannten das Gesetzblatt noch nicht, das ihnen da aus Weiz in der Steiermark übermittelt worden war.

Otto & Manuela: Huckepack auf ins neue Glück. Die Erleichterung nach dem Verhandlungsmarathon war gewaltig.

Klubchef Solans bei der Otto-Präsentation: Milliardenschwerer Sparefroh

Im Neujahrs-Schneechaos von Madrid war auch die entsprechende Mitteilung des spanischen Verbandes an die Vereine postalisch verschneit worden und kam erst einige Tage, nachdem Konrad Spanien schon wieder verlassen hatte, in Saragossa an.

Jedenfalls mußten nun auch die Spanier ihren heißen Draht legen, und zwar zum allmächtigen Klubpräsidenten Alfonso Solans, der mit seiner Familie in die Pyrenäen zum Skiurlaub gefahren war und diesen nun wegen Konrad unterbrechen mußte. In Cordhose und Flanellhemd setzte sich der ansonsten nur von allerfeinstem Zwirn umhüllte Milliardär in sein Auto und steuerte grantig Saragossa an. Denn nun ging es um Geld, um sehr viel Geld sogar. Konrad wurde für Saragossa um etwa 60 Prozent teurer, ohne selbst eine Pesete mehr zu verdienen – nur, weil das steuerschonende Schlupfloch vom Gesetzgeber geschlossen worden war.

Solans, trotz seiner Milliarden im spanischen Fußball als Sparefroh bekannt, geriet darob so in Rage, daß er von unterwegs per Handy sogar schon den Transfer stoppen ließ und seine Mitarbeiter anwies, mit dem Alternativ-Keeper Unzue in Sevilla Kontakt aufzunehmen. In dieser Situation bewies Konrads Berater Hubert Baumgartner, der als Aktiver in seinen vier Legionärsjahren bei Huelva nicht nur die Sprache perfekt gelernt, sondern sich auch mit der spanischen Mentalität vertraut gemacht hatte, eiserne Nerven. Er schickte den schon ziemlich verunsicherten und auch erschöpften Konrad in ein Nebenzimmer und erklärte den Spaniern in ruhigen, aber deutlichen Worten den Unterschied zwischen erster und zweiter Wahl beim Tormann. Und als Señor Solans wenig später den Verhandlungsraum betrat, hatte sich die zum Zerreißen gespannt gewesene Lage wieder so weit beruhigt, daß die Verhandlungen weitergehen konnten. Wenig später setzte Konrad sein Autogramm unter den Zweieinhalb-Jahresvertrag mit Real Saragossa, und zwar unter den in der „gesäuberten" Version, mit einem Bezahlungsmodus, der den Keeper vor unliebsamen Überraschungen schützte.

Eine solche hätte ihm beim medizinischen Check beinahe seine fürsorgliche Ehefrau Manuela beschert.

Konrad hatte sich nämlich im Ellenbogen zwei Wochen vor dem letzten Herbstspiel in Österreich den Schleimbeutel eingerissen und hätte eigentlich am 27. Dezember in Salzburg operiert werden sollen. Doch die Saragossa-Sache kam dazwischen, und als Otto in Spanien beim medizinischen Test im Krankenhaus den Pullover auszog, fiel ihm ein, daß er noch eine Spezialbandage am Arm trug. Es gelang ihm aber, diese mitsamt dem Pullover abzustreifen, ohne daß einer der Ärzte etwas bemerkte. Doch dann schaltete sich die Gattin ein, hob die Bandage auf, hielt sie ihrem Mann hin und fragte: „Brauchst du das noch?"

Eine Blutdruckmessung im Kopfbereich hätte in diesem Moment bei Konrad fatale Werte ergeben.

Aber trotz aller großen und kleinen Hürden ging der Wechsel im Endeffekt über die Bühne, und am nächsten Tag sammelte Konrad bei Präsident Solans bereits die ersten Punkte. Dem hatte besonders gefallen, daß der Tormann seine Frau mitgenommen hatte: „Das zeigt, daß er bei uns seßhaft werden will und nicht nur des Geldes wegen kommt." Und bei einer Antwort auf eine der vielen Journalistenfragen nickte der Präsident besonders wohlgefällig. Konrad war gefragt worden, wie er sich selbst als Tormann einschätzte, und er antwortete: „Es kommt nicht darauf

Otto & Baumgartner: Des druck ma durch

Otto, der Spanier: Der Tormann war „el portero" geworden, die Kameras fingen das erste Lächeln ein

In der 21. Minute des ...   *... Spiels gegen Bilbao explodierte ...*   *... die Bombe neben Ottos Kopf.*

an, wie ich mich einschätze, sondern wie Sie das tun. Und das wieder hängt davon ab, daß ich hier meine Leistung bringe." Spätestens in dem Moment war der neuen Nummer 1 Saragossas verziehen, daß sie den Präsidenten am Vortag aus dem Urlaub gerissen hatte.

Dann wurde es auch schon ernst. Eben noch vorm Weihnachtsbaum und plötzlich im beinharten Abstiegskampf in einer der besten Ligen der Welt – Konrad hatte Gewöhnungsbedarf, zumal nichts mehr davon zu bemerken war, daß dieser Klub eineinhalb Jahre davor gegen Arsenal das Europacupfinale der Pokalsieger gewonnen hatte. Erst zwei Siege standen kurz vor Halbzeit der Meisterschaft zu Buche, ein Trainer war bereits gefeuert worden, sein Nachfolger, der Uruguayaner Victor Espárrago, stand auch schon im Kreuzfeuer der Kritik. Die Mannschaft, gespickt mit exzellenten Fußballern, war nur noch ein verunsicherter Haufen. Und auch Konrad wußte schon nach seinem zweiten Training, zwei Tage vor seinem Debütspiel gegen Atletico Madrid, nicht mehr, wo ihm der Kopf stand: „Espárrago hat mich in diesem Training richtiggehend abgestochen, wider jede Trainingslehre. Die haben ununterbrochen zu dritt hereingeflankt, das ging nur vor und zurück, und als das Training aus war, hätte ich mich fast übergeben."

> *„Als in meinem ersten Spiel gegen Atletico Madrid schon nach 22 Sekunden der Ball im Netz war, dachte ich mir: Wegen einer Torsperre brauche ich hier in Spanien nicht mehr viel zu tun."*
> **Otto Konrad**

Dazu passend fiel auch sein erstes Match auf spanischem Boden aus. Als er im Stadion Vicente Calderón nach 22 Sekunden den Ball zum erstenmal berührte, holte er ihn bereits aus dem Tor, was er in der Folge noch viermal zu tun hatte. Am Ende hieß es 5:1 für Atletico Madrid – die Premiere in Spanien war für Otto gründlich danebengegangen.

Nach seinem vierten Spiel im Saragossa-Dreß, dem 1:2 bei Compostela, einem unmittelbaren Konkurrenten im Abstiegskampf, waren für Konrad die Dinge aber bereits in seinem Sinn zurechtgerückt: Er stand im Team der Runde, Trainer Victor Espárrago vor der Tür.

Von da an ging es unter dem neuen Betreuer Luis Costa bergauf, nicht nur sportlich, sondern auch mit der Stimmung in der Mannschaft. Konrad dazu: „Die psychische Verfassung der Truppe war eine Katastrophe gewesen, aber nach ein paar Wochen merkte man richtig, daß es den Spielern wieder Spaß machte." Auch er selbst begann sich gut darauf einzustellen, daß nun nicht mehr Manfred Rosenegger in der Südstadt vor 1.000 Leutchen auf ihn zustürmen würde, sondern Ronaldo im Camp Nou von Barcelona vor 100.000. Aber als das soweit war, dauerte die Begegnung mit dem brasilianischen Stürmerstar für Konrad nicht allzu lange. Nach einem

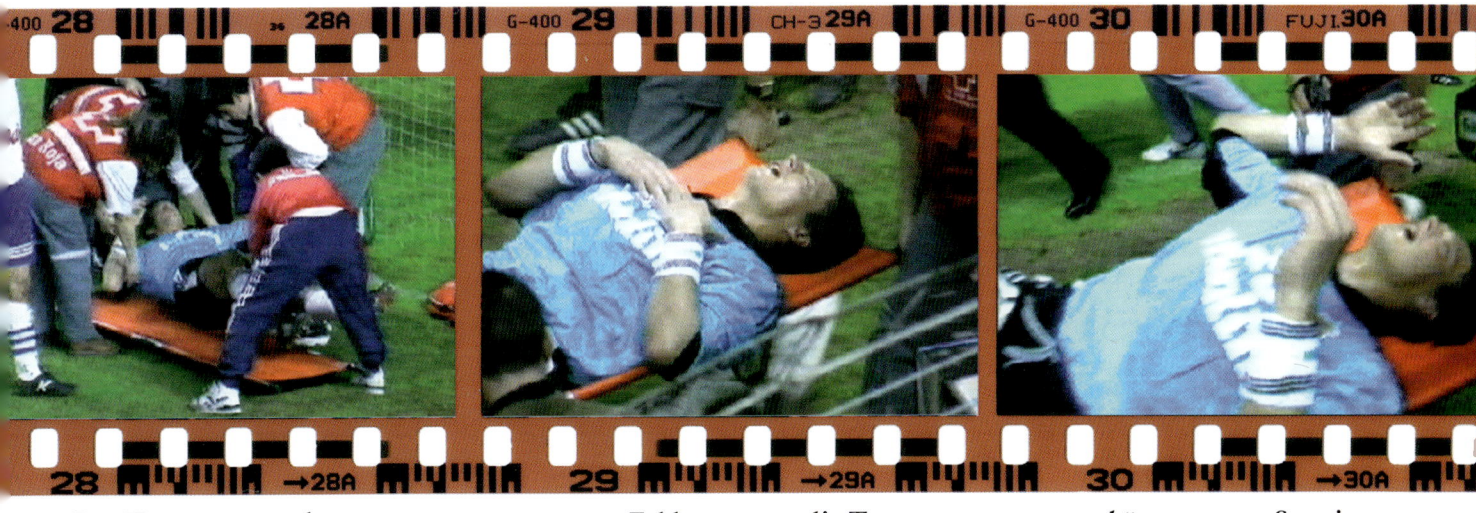

Der Tormann wurde ...   *... vom Feld getragen, die Tat ...*   *... erschütterte ganz Spanien.*

Torraubfoul am teuersten Angreifer der Welt endete das Abenteuer Barcelona für Konrad schon nach einer halben Stunde mit einer roten Karte. Und von da an begann den Keeper eine arge Pechsträhne zu quälen.

Schon sein erstes Spiel nach Ablauf der Sperre wurde wieder nur ein Kurzauftritt. Saragossa führte in Bilbao mit 1:0, mußte nach 21 Minuten den Ausgleich hinnehmen, und dann warf einer der aggressiven Fans einen Sprengkörper aufs Spielfeld, der unmittelbar neben Konrad explodierte. Der Tormann mußte vom Feld getragen werden, kam aber mit leichten Verletzungen an den Augen relativ glimpflich davon. Sieben Spiele später rutschte Konrad bei einem Abstoß im Heimspiel gegen Rayo Vallecano so unglücklich aus, daß er sich am Knie verletzte und nach nur zehn Minuten vom Feld mußte. Und im übernächsten Spiel schlitzte ihm der Franzose Quedec im Heimspiel gegen Espanyol Barcelona mit den Stollen den Unterschenkel in einer Länge von zehn Zentimetern bis auf den Knochen auf.

Aber zwischen diesen Pechspielen rechtfertigte Konrad seine Verpflichtung eindrucksvoll, lieferte einige große Partien und gab der Mannschaft, was sie am nötigsten gebraucht hatte – Sicherheit. Sein Trainer Luis Costa diagnostizierte: „Otto hat Ruhe, Erfahrung und Vertrauen in die Mannschaft gebracht. In Spanien spielen immer sehr gute Tormänner, und Otto steht da in der ersten Reihe. Er hat dasselbe Niveau wie die besten Keeper in Spanien, Italien oder Deutschland."

Klubpräsident Solans zeigte sich vor allem von den Führungsqualitäten seines neuen Torhüters beeindruckt: „Er hat das Klima in der Mannschaft entscheidend verändert – weg vom Streß, hin zur Arbeit. Wichtiger als seine Paraden war im Kampf gegen den Abstieg seine Kapazität, der Gruppe etwas mitzugeben, das die Stimmung ändert." Und Jerónimo Suarez Ochoa, in den ersten Jännertagen noch Konrads Verhandlungs-Widerpart als für die formale Abwicklung der Auslandstransfers zuständiger Vertrauter des Klubchefs, schwärmt: „Es war im Jänner für alle Beteiligten riskant, für Konrad wie für den Klub. Aber ich kann heute sagen, er war die beste Investition von Saragossa in den vergangenen Jahren. Solche Spieler hätten wir ein paar Jahre früher haben sollen, dann wären wir nie in einen Abstiegskampf verwickelt worden." Seine Diagnose über die Ursachen des tiefen Falls von Real Saragossa vom Europacupsieger zum Abstiegskandidaten erinnert frappant an etwas, das einem aus Salzburg sehr bekannt vorkommt: „Wenn ein Mittelklasseteam an die Spitze kommt, lassen die,

> „Wie ich in Spanien aufgenommen wurde, hat mir gezeigt, daß es in Österreich nicht von Vorteil ist, wenn man mit einem Ausländer so deppert redet, wie wir das manchmal tun."
> **Otto Konrad**

Doch das stimmt nicht, wie nicht nur den obigen Beurteilungen zu entnehmen ist. Ohne in die Öffentlichkeit gedrängt und auch nur einen Interview-Wunsch erfüllt zu haben, wurde der Steirer in Spanien allein durch seine Ausstrahlung auf Anhieb zu einem Fanliebling. Und durch die Bombe von Bilbao war er zwei Monate nach seinem ersten Spiel für Saragossa in ganz Spanien bekannt.

Beliebt und bekannt – damit hatte Konrad selbst im Unglück schon zwei Kriterien erfüllt, die ihm bei der Ausübung seines Berufes als Fußballprofi nicht unwichtig sind.

Nach außen noch ruhig und ungewohnt medienscheu, arbeitete der Perfektionist aber im stillen Käm-

Otto, das Opfer: Nach der Flasche von Mailand die Bombe von Bilbao

die hinter diesem Erfolg stehen, nach und denken, sie sind jetzt die Besten Europas. Aber den Spielraum für Selbstgefälligkeit haben nur die wirklich Großen, nicht die aus der Mittelklasse. Es ist sehr gefährlich, wenn Arbeiter mit einem guten Job und Glück glauben, sie sind Stars. Dann nämlich brauchst du jemanden mit Führungsqualität, der die Leute am Boden hält und sagt: Stop, und jetzt ist wieder der Erste des Monats. Jemanden wie Otto zum Beispiel."

Wenn man sich nur das anschaut, was Otto Konrad in seinem ersten halben Spanien-Jahr an Unglück widerfahren ist, könnte man dazu neigen, seinen Einstieg in die Auslandskarriere als verpfuscht zu betrachten.

merlein schon fleißig an der Abschußbasis für einen neuen Katapultstart dorthin, wo er sich allemal am wohlsten fühlt – im Licht der Öffentlichkeit. Schon in seiner ersten Zeit im Hotel, noch ehe er die schöne Wohnung am Paseo de Ruiseñores gefunden hatte, besuchte ihn mehrmals pro Woche eine Spanisch-Lehrerin. Er, den es in Österreich immer maßlos geärgert hatte, wenn Legionäre sich nicht für die Landessprache interessierten, hatte natürlich besonderen Handlungsbedarf, so schnell wie möglich Spanisch zu lernen. Wobei eine seiner ersten Wortmeldungen in der Landessprache bei Treffen mit spanischen Freunden inzwischen bereits anekdotischen Stellenwert erlangt hat. Nachdem in Bilbao die Bombe explodiert war, fragte der Klubarzt Konrad, wie es ihm gehe. Der wollte sagen „Ein bißchen besser", auf spanisch also: „un poco mejor". Stattdessen entschlüpfte ihm „un poco mujer", was soviel heißt wie „Ein bißchen Frau". Der Arzt dachte aber mit und schaute nicht nach.

Konrad ging das Unternehmen Spanien aber nicht nur sprachlich vom Nullpunkt aus an: „Mir war klar, daß ich, wenn ich hier heruntergehe, in Wahrheit wieder ein Niemand bin und alles, was ich bisher erreicht habe, von neuem bestätigen muß. Ich werde immer noch gefragt, welche Sprache man in Österreich spricht, und wahrscheinlich halten mich nach wie vor 30 Prozent der Leute hier in Saragossa für einen Deutschen." Für die Professionalität Konrads spricht, daß er sich auf die neue Situation auf die einzig zielführende Weise sofort einstellte, nicht darüber sinnierte, daß man ihn als österreichisches Popularitätswunder an seiner neuen Wirkungsstätte kaum kannte, sondern mit aller Kraft darauf hinzuarbeiten begann, diesen für ihn unbefriedigenden Zustand zu ändern.

Es war ein schwieriges Unterfangen, weil er sich auf eine völlig neue Art Fußball zu spielen einstellen mußte. Das begann bei der Vierer-Abwehrkette, die einen der Proponenten der Salzburger Defensivkunst in eine ungewohnte Rolle drängte: „Wir spielen das, wie sich's gehört. Sehr riskant, darum kriegen wir auch viele Tore, aber offensiv bringt es schon viel. Vom Spielsystem her war es für mich eine gewaltige Umstellung, die immer noch andauert. Denn als ich heruntergekommen bin, habe ich vom spanischen Fußball, so wie ich ihn jetzt als Mitwirkender aktiv erlebe, maximal 20 Prozent gekannt."

Und noch einmal zur Umstellung von Rosenegger auf Ronaldo: „Ich spiele hier gegen Fußballer, die technisch um mindestens eine Klasse über den mitteleuropäischen Spielertyp zu stellen sind, und das in unglaublicher Vielzahl. Es gibt hier eine Anhäufung von internationaler Spitzenklasse, die man in Europa suchen muß. Hier gibt es nicht nur ein, zwei Erlebnisse pro Saison, sondern ein Erlebnis nach dem anderen. Ich hatte auch schon geglaubt, mir kann keiner mehr was vom Fußball erzählen, aber diese Einschätzung ändert sich schlagartig, wenn du Woche für Woche auf diesem höchsten Niveau geprüft wirst. Hier habe ich fast jede Woche ein Match wie mit Salzburg ab dem UEFA-Cup-Viertelfinale."

Aber was ein echter Konrad ist, erstarrt darob noch lange nicht in Ehrfurcht: „Ich will auf dieser großen Bühne nicht nur ein Komparse sein, sondern da und dort die Hauptrolle spielen. Eine Spielerpersönlichkeit bei einem Traditionsklub wie Real Saragossa zu werden, das ist für mich ein schönes Ziel."

Sportlich ist er auf dem Weg dazu, auch wenn ihm das Pech und die Rache seines jahrelang vom Ehrgeiz

Konrad-Kollege Morientes: 1,3 Millionen im Monat

Das Leben ist voller Über

Foto: Konrad Lagger

Die Bausparkasse
Die Versicherung

...aber Ihre finanzielle Zukunft sollte
Partner, der Ihnen alles zum Thema
Fragen Sie deswegen Ihren Wüsten

schungen...

tto Konrad
uper-Goalie
Wüstenrot-Dress

vorausplanen. Mit einem
Finanzieren - Vorsorgen" sagen kann.
Er hat die Idee, wie's geht.

Wüstenrot

Ottos „Ex", Espárrago: Mit dem steigen wir ab

und von Spritzen malträtierten Knies im ersten halben Jahr noch ein paar Prügel vor die Füße geworfen haben. Hierarchisch ist es in Spanien für einen Tormann noch schwieriger, ganz nach oben zu kommen als anderswo. Denn da erreicht das interne Prestige mit der Rückennummer 9 seinen Höhepunkt. Konrads Mannschaftskollege Fernando Morientes zum Beispiel ist gerade erst 21 Jahre jung, aber die große Nummer, eben die Nummer 9. Eine gute Halbsaison und ein paar schöne Tore reichten bereits, um Real Madrid dazu zu bringen, den jungen Mann mit einer Jahresgage von 200 Millionen Peseten (16 Millionen Schilling) aus Aragonien in die Hauptstadt zu locken.

„Es ist verrückt", sagt Transfer-Advokat Jerónimo Suarez Ochoa, „eine Art von Fieber, eine schwere Grippe, die für die Zukunft nichts Gutes verheißt. Wer gestern noch 50 Millionen gekostet hat, kostet heute schon 300 Millionen, aber das kann nicht so weitergehen." Diese dramatische Strukturänderung im spanischen Fußball entwickelte sich aus den lukrativen Verträgen mit dem Privatfernsehen, die dazu führten, daß manche Klubs ihre Budgets verzehnfachten.

Für den insgesamt relativ niedrigen Stellenwert eines Torhüters, auch im Gehaltsschema, verdient Otto Konrad sehr gut – etwa in der Dimension eines offensiven Mittelfeldspielers, der nach dem Goleador in der internen Prestige-Skala zweihöchsten Kategorie.

Aber nicht deshalb, sondern aufgrund seiner Qualitäten als Persönlichkeit hat der ehemalige Salzburger keine Probleme, sich den angestrebten Stellenwert innerhalb der Mannschaft und auch bei der Vereinsführung zu sichern. Sein Drang, sich mit dem Gesamtprodukt Verein und nicht nur mit seinem Job als Tormann auseinanderzusetzen, kombiniert mit seiner ausgeprägten Fähigkeit, die richtigen Leute kennenzulernen, hat ihm schon im ersten halben Jahr viele Pluspunkte eingetragen. Seine Anregungen zum Aufbau eines Fanshops nach Salzburger Vorbild beispielsweise wurden auch vom Klubpräsidenten sehr goutiert: „In Spanien gibt es so viele 20jährige, die im Geld schwimmen und sich um nichts kümmern. Es wäre nicht Ottos Job, sich darüber Gedanken zu machen, wie der Klub mehr Geld machen könnte, aber er sagt: Ich bin Teil einer Idee und ich muß die ausbauen und entwickeln helfen", lobt Suarez Ochoa, der Berater des Präsidenten, Konrads Berufsauffassung.

Die neue Nummer 1 mischte aber auch schon bei anderen Dingen mit. Ex-Trainer Espárrago, das ist der, der Konrad vor dem Atletico-Match so geschunden hatte, mußte sicher nicht wegen des neuen Torhüters, sondern wegen der Mißerfolge seine Koffer packen. Aber seine Meinung über den Uruguayaner hatte der Keeper nach nur zwei Wochen an den wichtigsten Stellen im Verein deponiert. Und die war nicht gut: „Mit diesem Trainer geht die Sache den Bach runter", befand Konrad, und just, als er sein stärkstes Spiel lieferte, Saragossa aber trotzdem verlor, befand Präsident Solans, daß der Torhüter recht hatte.

Konrad hat also das „Gesamtpaket Otto" und nicht nur seine großen Fähigkeiten als Torhüter ins Ausland transferiert und werkt in neuer Umgebung emsig mit alten Qualitäten. Aber er hat sich in Spanien trotzdem ein wenig verändert, und das nicht nur, indem er vom notorischen Frühaufsteher zum Langschläfer und Siesta-Genießer mutiert ist. Er hat das Kennenlernen einer neuen Mentalität auch dazu benützt, um alte Erfahrungen zu überdenken und meint heute: „In Spanien stehen die Menschen Legionären viel offener und freundlicher gegenüber als wir. Ich war zeitweise überrascht von der Herzlichkeit, mit der ich empfangen wurde. In Österreich wird ein Ausländer wohl nicht so aufgenommen wie ich hier in Spanien. Das war fast schon Idealfall und Musterbeispiel dafür, wie man jemanden schnell integriert."

Besonders geholfen hat ihm dabei ausgerechnet jener Mann, der Konrad im Jänner am Verhandlungstisch gegenübergesessen war und der Ottos wegen damals großen Ärger mit Präsident Solans bekommen hatte, weil er über die Existenz des so wichtigen Gesetzblattes nicht informiert gewesen war: Jerónimo Suarez Ochoa. Der regelte nicht nur alle bürokratischen Angelegenheiten zu Beginn, sondern ist für die Familie Konrad inzwischen Freund und Helfer in allen Lebenslagen geworden – vom Rechtsbeistand bis zum Babysitter. Und er unterstützt vor allem das, was ihm an „el portero" besser gefällt als dessen Kunst, Bälle zu fangen: „Wir haben Legionäre hier, die gehen gerade noch in die Stadt essen und verbarrikadieren sich ansonsten in ihren Häusern am Stadtrand. Otto will aber nicht nur bei uns, sondern mit uns leben."

Wie immer die weitere Karriere des Otto Konrad in Spanien verlaufen wird – er wird, das kann man jetzt schon sagen, reicher nach Österreich zurückkommen. Und zwar nicht ausschließlich kontomäßig. Denn er hält in Spanien nicht nur seine Hand auf, sondern auch seine Augen und Ohren offen.

Ottos „Neuer", Luis Costa: Schaffte den Klassenerhalt und erinnert Konrad manchmal ein bißchen an Baric

EINE VERHÄNGNISVOLLE AFFÄRE

Die Beziehung zwischen Otto Konrad und der österreichischen Nationalmannschaft endete im Frühjahr 1996 so, wie sie zehn Jahre davor begonnen hatte. Damals hätte sich Konrad, zu seiner großen Enttäuschung für das Olympiateam-Spiel gegen Ungarn nur auf Abruf im Kader, an einem Samstag bei Teamchef Branko Elsner telefonisch melden sollen – was er nicht tat. „Ich habe die Einberufung erst am Montag erhalten", rechtfertigte er sich damals. Zehn Jahre später wiederholte sich das Szenario unter Teamchef Herbert Prohaska, diesmal im A-Team, diesmal ohne Rechtfertigung, sondern als finaler öffentlicher Rosenkrieg samt Scheidung.

Dazwischen lag die unglückliche Geschichte im Leben eines Glückspilzes, eine verhängnisvolle Affäre, in der sich die Hoffnung auf das gemeinsame Glück, die feste Bindung nie erfüllte. Diese zehn Jahre waren ein Auf und Ab zwischen Liebesgeflüster und bösen Worten, zwischen „One-Match-Stands" und Hausverbot, zwischen Unterwerfung und Aufbegehren. Eine gescheiterte Beziehung, die man nur verstehen kann, wenn man die Geschichte von Beginn an sieht und nicht versucht, Opfer und Schuldige aus- und festzumachen. Denn diese Grenze verschwimmt, wenn sich gegenseitige Hoffnungen und Erwartungen nicht erfüllen – beim Kampf um das kleine Lebensglück genauso wie bei dem um die Nummer 1 in der österreichischen Nationalmannschaft.

Konrads Kampf begann im Jahr 1988, als hinter dem damaligen nationalen Platzhirschen Klaus Lindenberger die drei jungen Rehböcke Michael Konsel, Franz Wohlfahrt und Otto Konrad ihre Vorkehrungen für den Nachfolgestreit trafen. Schon in den zwei Jahren davor hatte der junge Grazer als Keeper des Unter-21-Teams mit starken Leistungen Punkte gesammelt, und als Josef Hickersberger, sein damaliger U-21-Teamtrainer, zur Nationalmannschaft befördert wurde, sagte der: „Ich verdanke das auch Otto Konrad, der mit seinen Leistungen viel zum Erfolg der U-21 beigetragen hat." Dieser erwartete sich dafür natürlich Dank in der Form, daß ihn der Trainer zu

Prohaska & Konrad: Öffentlicher Rosenkrieg ...

den Großen mitnehmen würde. Aber Hickersberger entschied anders: Er erklärte Lindenberger zu seiner Nummer 1 für die WM-Qualifikation und – im Fall des Erfolgs – auch für die Weltmeisterschaft, holte für den Platz dahinter vorerst wahlweise Konsel oder Wohlfahrt und beließ Konrad bei den Fohlen: „Für seine weitere Karriere ist es besser, wenn er im Unter-21-Team spielt, anstatt im A-Team nur auf der Bank zu sitzen. Er bekommt von mir seine Chance, wenn es an der Zeit ist", befand Hickersberger.

Konrad konnte mit dieser Situation nur sehr schwer umgehen, vor allem, weil er sich in der eigenen Einschätzung seiner Leistungsfähigkeit immer wieder von außen bestätigt sah. So schrieb etwa „Krone"-Sportchef Michael Kuhn nach Konrads grandiosem UEFA-Cup-Auftritt gegen Servette Genf: „Es ist zwar schon fünf vor zwölf, aber die vieldiskutierte Frage Lindenberger, Wohlfahrt oder Konsel muß neu formuliert werden: Konrad oder die anderen?" Hans Krankl sagte in jenem Frühjahr 1989, in dem er Salzburg zurück in die 1. Division schoß, nach dem 3:0-Sieg von Sturm im Lehener Stadion: „Dieser Otto Konrad bricht mich. Der ist absolut teamreif." Salzburgs Klubchef Rudi Quehenberger schwärmte im Anschluß an dasselbe Match von „einer Leistung, wie ich sie im Lehener Stadion noch von keinem Tormann gesehen habe." Konrad war damals wirklich in Prachtform, hielt in einer Saison zwölf von 16 Elfmetern, drei davon im U-21-Team, und hatte das Gefühl, von sich aus nicht mehr tun zu können, um endlich die Teamchance zu bekommen.

Als die Unter-21-Nationalmannschaft, von Konrad bereits als Kapitän geführt, mit einem 0:2 gegen die DDR die EM-Chance verspielt hatte, hielt Hickersberger die Zeit für reif und berief den Grazer am 24. Mai 1989 für das Freundschaftsspiel gegen Norwegen in Oslo erstmals ins Nationalteam ein: „Otto hätte mit einigem Recht über die Medien einen Teamplatz fordern können. Das hat er nicht getan, und darum ist der Zeitpunkt für die Belohnung da", vermittelte Hickersberger Konrad das Gefühl, daß das lange Warten ein Ende hätte. Es wurde aber nur eine enttäuschte Hoffnung daraus. Erstens kam Konrad bei seinen ersten 45 Minuten im Teamdreß in eine Mannschaft, die zur Pause schon 0:2 hinten lag und

... samt darauffolgender Scheidung.

Hickersberger & Konrad: Vielleicht muß ich ein Tor schießen

am Ende 0:4 verlor, und zweitens fand er sich fünf Monate später abermals nur im U-21-Team wieder.

Da verlor er erstmals die Contenance: „Ich habe in den letzten zehn Meisterschaftsspielen nur drei Tore hinnehmen müssen. Teamchef Hickersberger hat das scheinbar nicht imponiert. Vielleicht muß ich als Tormann sogar einen Treffer erzielen, um auf mich aufmerksam zu machen. Aber trotz all dieser Widerwärtigkeiten werde ich die Hoffnung nicht aufgeben und weiter hart an mir arbeiten", sagte Konrad in einem Interview mit der Grazer „Neue Zeit". Denn immerhin ging es nun um eines der Tormann-Tickets für die Weltmeisterschaft in Italien.

Hickersberger legte seine Qualifikations-Marschroute fest: Hinter Lindenberger, den er außer Diskussion stellte, mußten Konsel, Wohlfahrt und Konrad bei Null beginnen, jeder der drei erhielt in einem Freundschaftsspiel eine 45-Minuten-Teamchance – Konrad beim 3:2-Sieg in Malaga gegen Spanien. Klaus Lindenberger, der mit Otto damals ein Zimmer teilte, hörte in der Nacht davor Konrad im Traum die Partie „übertragen", so sehr beschäftigte den Grazer sein bevorstehender Auftritt.

Am nächsten Tag hatte sich im Estadio de la Rosaleda Gerhard Rodax seinen späteren Spanien-Transfer herausgeschossen und Otto Konrad nicht nur das Trikot des großen Antonio Zubizarreta ertauscht, sondern seine Chance im Kampf um das WM-Ticket auch ziemlich gut genützt. Dennoch blieb es noch lange spannend, weil Teamchef Hickersberger, wie er später zugab, bis zum Schluß hoffte, daß ihm eine Verletzung die schwierige Entscheidung in der Tormannfrage abnehmen würde.

Am 17. Mai 1990 erfuhr Konrad im Thermencafé des Hotels IIII Jahreszeiten in Loipersdorf, wo er mit seiner Frau Manuela die Entscheidung abwartete, um 10.49 Uhr, daß er als dritter Tormann zur WM fahren würde. Auf der Strecke geblieben war Franz Wohlfahrt, und Hickersberger lieferte die offizielle Begründung: „Konrad hat in der weitaus schlechteren Mannschaft, bei Sturm Graz, nur 30 Gegentore erhalten, Wohlfahrt bei Austria Wien aber 46." In Wahrheit waren es aber private Probleme des Austria-Wien-Tormanns gewesen, aus denen heraus Josef Hickersberger („Ich will das nicht in die Mannschaft getragen haben") auf Wohlfahrt verzichtet hatte. Ohne diese Geschichte wäre möglicherweise wieder Otto Konrad übriggeblieben und dessen Sammelband der enttäuschten Hoffnungen um ein Kapitel reicher.

Nach der WM eröffnete Teamchef Hickersberger, der das schon vorher mit Lindenberger besprochen gehabt hatte, offiziell den Kampf um dessen

Nachfolge. Auf den Ausgang dieses Wettstreits hatte er nach dem Spiel gegen die Färöer-Inseln aber keinen Einfluß mehr. Konrad bekam aber vor dem Ende der Ära Hickersberger noch eine Lektion erteilt. Sein Lambada nach dem Elfmetertor von Donawitz sowie seine Aktivität als Streikführer im Kampf um Trainer Gustl Starek kosteten ihn vorübergehend den Platz in der Nationalmannschaft. Hickersberger nannte es eine Nachdenkpause, für Konrad war es ein neuerliches Indiz dafür, daß man ihn im Nationalteam eigentlich nicht haben wollte: „Ich war damals felsenfest überzeugt, mit der vorübergehenden Eliminierung von Konrad richtig gehandelt zu haben. Heute würde ich wohl anders reagieren", gesteht Hickersberger in der

Geschafft: Im Thermencafé von Loipersdorf erfuhren Manuela und Otto von der WM-Nominierung

Alfred Riedl: Ottos erster Einsermacher

Retrospektive ein, damals wohl ein wenig zu streng mit dem eigenwilligen Tormann verfahren zu sein.

Nicht einmal ein Jahr später erfüllte sich der große Traum, und Konrad war unter Alfred Riedl erstmals die Nummer 1 Österreichs. Michael Konsel hatte sich im Wiener Derby schwer verletzt, Otto durfte im EM-Qualifikationsspiel gegen Dänemark in Odense spielen, konnte aber trotz guter Leistung das 1:2 nicht verhindern. Das Rückspiel in Wien am 9. Oktober 1991 war auch bereits wieder das Ende der Ära Konrad 1 in der österreichischen Nationalmannschaft, obwohl Konsel nach einer Knieoperation monatelang Pause hatte und Wohlfahrt, eben erst von einer schweren Verletzung genesen, noch kein Thema war. Das Team verlor 0:3, Alfred Riedl mußte gehen, Interimstrainer Didi Constantini machte vor dem nächsten Spiel gegen Nordirland einen Schnitt, holte unter anderem die Routiniers Kurt Garger und Leo Lainer in die Mannschaft – und tauschte auch den Tormann. Er zog Wolfgang Knaller jenem Mann vor, der es durch die verletzungsbedingten Ausfälle seiner schärfsten Rivalen endlich geschafft zu haben glaubte. „Der Didi ist zu mir ins Zimmer gekommen und hat es mir mitgeteilt. Ich habe gesagt: Trainer, ich bin immer der, den es trifft", erinnert sich Konrad an diesen Tiefschlag. Constantini begründete seine Entscheidung damit, daß Knaller wochenlang in Hochform gespielt hatte und er Konrad eines der Tore gegen die Dänen ankreidete. Der Rest ist bekannt: Konrad erschien am nächsten Tag nicht zum gemeinsamen Frühstück („Ich wollte kein Porzellan zertreten, die Journalisten standen vor meiner Zimmertür Schlange"), und Constantini berief ihn für das folgende Spiel gegen Jugoslawien nicht mehr ein.

Friedl Koncilia, damals Tormanntrainer im Team, hatte sich vor dem Nordirland-Spiel erfolglos bei Constantini für Konrad eingesetzt und sagt heute dazu: „Ich habe Ottos Reaktion verstanden. Aber, so hart es auch sein mag, man muß Entscheidungen eines Verantwortlichen akzeptieren, und auch ich konnte damals nicht mehr tun, als dem Teamchef meine fachliche Meinung zu sagen – was er damit im Endeffekt machte, mußte ich natürlich ihm überlassen."

> *„Ende der 80er-Jahre war Otto Konrad von der Leistung her die klare Nummer 1 im Land. Zu dieser Zeit hätte es keinen anderen Tormann in der Nationalmannschaft geben dürfen."*
> **Heinz Thonhofer**

Es dauerte drei Jahre, bis Otto Konrad nach diesem Frühstücksboykott wieder zum Nationalteam stieß – diesmal aber nicht mehr als Prinz aus der Provinz, sondern als König von Österreich, als sentimentale Nummer 1 der Fußballbegeisterten im Lande. Franz Wohlfahrt war inzwischen unter Herbert Prohaska der unumstrittene Teamkeeper geworden, der viel populärere Otto Konrad nach Frankfurt und den grandiosen internationalen Salzburger Erfolgen aber nicht mehr zu übergehen.

Prohaska, für den es damals ganz gewiß nicht leicht war, dem Druck der Öffentlichkeit stand- und an Franz Wohlfahrt festzuhalten, zog Otto Konrad in dieser Situation zum klärenden Gespräch zur Seite: „Der Franz ist meine Nummer 1, und ich stehe zu ihm. Wenn du meine Nummer 1 bist, stehe ich zu dir genauso", machte er Konrad klar, der – zumindest nach außen – damit auch leben konnte: „Er hat es zu dieser Zeit im Team niemanden spüren lassen, daß er die logische Nummer 1 war und die Zeit bis zu Wohlfahrts Eliminierung eigentlich sehr gut überstanden", bestätigt auch Heinz Palme, der Pressechef des Österreichischen Fußballbundes (ÖFB).

Ein Papageienzüchter aus Kärnten leitete dann im Herbst 1994 mit einer roten Karte die Ära Konrad 2 im Team ein: Schiedsrichter Alfred Wieser schloß in Salzburg-Lehen Franz Wohlfahrt im Spiel Salzburg gegen die Wiener Austria aus, weil ihn der, so schrieb er in den Spielbericht, gezwickt hatte. Obwohl der

Franz Wohlfahrt: Zwickts mi, i man i tram

Otto Konrad und das Nationalteam: Die unglückliche Geschichte im Leben eines Glückspilzes

Kampfflieger Otto in der Nationalmannschaft: Zu wenige Einsätze für die großen Ambitionen

Strafsenat nicht auf Insultierung entschied, faßte Wohlfahrt zwei Spiele Sperre aus und wurde von Prohaska aus der Nationalmannschaft eliminiert. Konrad, von den Fans schon zuvor bei den Länderspielen in Österreich als Nummer 1 gefordert, war es nun endlich geworden, und zwar noch in dem Jahr, in dem er im Fußball ohnehin alles im Lande überstrahlte. Das Glück schien – endlich – perfekt.

Er spielte die EM-Qualifikationsspiele in Portugal (1:1), gegen Lettland (5:0) und Liechtenstein (7:0), ehe vor der Partie in Irland das Schicksal die Regie wieder in die Hand nahm. Konrad verriß sich im letzten Training das Kreuz, Michael Konsel, mit Rapid zu dieser Zeit nicht gerade auf Erfolgskurs und demnach auch im Team keine akute Bedrohung für den Salzburger, sprang ein und spielte die Partie seines Lebens. Damit gab es aus heiterem Himmel vor dem nächsten Spiel in Lettland wieder eine Tormanndiskussion, die Herbert Prohaska bis zum allerletzten Tag führen ließ, ehe er sich für Otto Konrad entschied. Es wurde dessen – vorerst – letztes Länderspiel, denn bei der bitteren 2:3-Niederlage in Riga hatte er keinen guten Tag und wurde in der Folge durch Michael Konsel abgelöst, der nicht nur im Team, sondern auch mit Rapid Auferstehung feierte und von da an durchgehend sehr stark spielte.

Aus der Sicht Otto Konrads hatte ihn Prohaska im Stich gelassen, hatte sein Versprechen, zu ihm als Nummer 1 ebenso zu stehen wie zu Wohlfahrt, nicht eingelöst: „Es war für mich enttäuschend, daß Prohaska nach dem Irland-Spiel die Tormanndiskussion zugelassen hat. Ich war vor dem Lettland-Spiel nicht topfit, und es war aus heutiger Sicht ein Fehler, überhaupt zu spielen, aber ich wußte damals: Entweder du beißt dich jetzt durch, oder es ist gleich vorbei. Und danach habe ich mehr mitgekriegt, als durch meinen Fehler in diesem Spiel gerechtfertigt war. Ich bin nach der Partie abgestempelt worden, als ob ich ein Verbrechen begangen hätte."

Herbert Prohaska sieht das naturgemäß anders: „Otto hätte sehen müssen, daß ich zu ihm stehe, als ich ihn in Lettland aufgestellt habe, obwohl er zu dieser Zeit in der Meisterschaft nicht berauschend und Konsel in Irland so gut gespielt hat. Er hat halt dann in Lettland eineinhalb unschöne Tore gekriegt, aber die habe ich ihm nie angekreidet. Otto hat danach nicht auf seinem normalen Level gespielt, ich wollte mich aber noch für die Europameisterschaft qualifizieren, und da war Konsel die bessere Wahl. Jede andere Interpretation ist schlicht falsch."

Konrads gesamter Teamfrust entlud sich jedenfalls über Prohaska, er meldete sich zweimal nicht, als er auf Abruf nominiert war, und während der Teamchef auf weiteren Krach und in der Folge auf Konrad als Abrufkeeper verzichtete, schritt der zur großen medialen Abrechnung mit Prohaska und dem Nationalteam und machte damit wahr, was er

> „Als ich nach der Partie in Irland gegen Lettland nur auf der Bank gesessen bin, war mein erster Gedanke: Jetzt hör' ich auf. Aber den habe ich dann zum Glück sehr schnell wieder verworfen."
> **Michael Konsel**

schon Jahre davor führenden Mitarbeitern im ÖFB angekündigt hatte: „Wenn ich im Team aufhöre, dann passiert das nicht geräuschlos, weil den Zustand, den ihr ohnehin wollt, kriegt ihr nicht so einfach." Jetzt hatte Otto Konrad aufgehört.

Aber er konnte wohl gar nicht anders, als sein neuerliches Scheitern mit dem lauten Abgang zu verbinden, denn er hatte in all den Jahren zu sehr unter dem gelitten, was in der Psychologie als kognitive Dissonanz bekannt ist, in seinem Fall war das die Unstimmigkeit, sich für den Besten zu halten, aber trotzdem nicht die Nummer 1 zu sein. Durch die lange Zeit der Frustration und die vielen als Ungerechtigkeiten empfundenen Vorfälle waren Konrads Vermutungen darüber, warum er es nicht schaffte, im

Michael Konsel: Halte es auf der Bank nicht aus

Nationalteam an die Spitze zu kommen, zu festen Einstellungen geworden, und die machten das Kapitel Nationalmannschaft im Lauf der Zeit für ihn zu einem absoluten Reizthema: „Einstellungen zeigen den Effekt, daß Informationen, die mit ihnen übereinstimmen, bevorzugt aufgenommen werden. Demzufolge versucht ein Sportler, Informationen, die seine Einstellung gefährden, zunächst abzuweisen, zu ignorieren, sie also erst gar nicht anzunehmen." (Sigurd Baumann/Psychologie im Sport).

Eine dieser Einstellungen, die sich in Konrads Kopf zur Denkgewohnheit verfestigt hatten, war die, daß er als Nicht-Wiener automatisch im Nachteil war. Wenn man die Berichte in steirischen Medien aus jener Zeit nachliest, in der Konrad in Graz zum besten Torhüter aufstieg, wird das aber sogar verständlich, denn da wurde regelmäßig tiefstes Unverständnis darüber kundgetan, wie man so einen Ausnahmekönner beständig ignorieren konnte – bis hin zur Unterschriftenaktion einer Zeitschrift vor der WM in Italien unter dem Arbeitstitel „Otto für Österreich". Dabei spielt es gar keine so große Rolle, ob Konrad als Mann aus der Provinz gegenüber seinen Konkurrenten von den Wiener Großklubs Rapid und Austria manchmal tatsächlich im Nachteil war, was gerade am Beginn seiner Karriere nicht immer einfach von der Hand zu weisen war. Wichtiger ist, daß der Tormann durch diese Form der öffentlichen Bestätigung seiner Vermutungen kein Korrektiv mehr hatte, wenn die Bevorzugung von Rivalen tatsächlich nicht im Wien-Provinz-Gefälle begründet war.

Daß sich an dieser Einstellung nichts ändern konnte, nachdem er in Salzburg zur österreichweit bewunderten Lichtgestalt aufgestiegen war, lange trotzdem nicht zum Zug und dann nach dem ersten Fehler sofort wieder unter die Räder kam, liegt auf der Hand. Und es hat wahrscheinlich sehr viel mit diesem unterschwelligen Ohnmachtsgefühl des Mannes aus der Provinz zu tun, warum Konrad mit lautem Poltern seine Teamkarriere – vorerst – beendete, während seine Konkurrenten Konsel und Wohlfahrt, die im Lauf der Jahre ebenfalls bittere Rückschläge hatten hinnehmen müssen, immer wieder zurückfanden.

Denn mit dem Schicksal, als großer Torhüter kein ebensolcher Nationaltormann zu werden, steht er nicht allein da. Es ist wahrscheinlich auch für Bayern-Keeper Oliver Kahn nicht leicht, mit Berti Vogts' Nibelungentreue zu Andreas Köpke fertigzuwerden, aber der erstickte auch jede Diskussion im Keim, indem er zum Helden der Euro '96 avancierte.

Genausowenig gab es vor der Ära Konrad II im Team an Franz Wohlfahrt etwas auszusetzen, wie nach ihr Michael Konsel Anlaß zur Kritik gab.

Obwohl Konrad gerade von Franz Wohlfahrt für seinen radikalen Schnitt Verständnis erntet: „Ich wünsche mir manchmal für mich selbst, auch so klar und deutlich handeln zu können. Aber ich bin vielleicht bei solchen Dingen nicht immer so geradlinig wie Otto – im konkreten Fall wahrscheinlich, weil ich zehn Jahre mit Herbert Prohaska gespielt habe."

Denn genauso wie Wohlfahrt seine Eliminierung aus dem Nationalteam nach der Zwick-Affäre von Lehen für falsch hält, tut er das mit der Ablöse Konrads als Nummer 1 nach dem Lettland-Spiel: „Beide Entscheidungen von Herbert Prohaska waren weder glücklich noch richtig." Auch Gerald Willfurth, in Salzburg ein Jahr Konrads Mannschaftskollege, sieht den lauten Abschied nicht negativ: „Andere rechnen vielleicht, da oder dort dabeisein zu wollen und halten den Mund. Otto in so einem Moment sicher nicht. Er ist einer der wenigen, die sich etwas zu sagen trauen, und er hat durch den Stellenwert, den er sich erarbeitet hat, auch das Recht dazu."

Die Mauer für Herbert Prohaska macht hingegen ausgerechnet ein Spieler, mit dem sich Konrad in Salzburg immer besonders gut verstanden hat, Christian Fürstaller: „Die Wahrheit ist, daß Otto nur durch Glück, also die Sperre von Franz Wohlfahrt, Erster geworden ist. Und Wohlfahrt hätte sich darüber zehnmal mehr aufregen können als danach Otto wegen Konsel. Außerdem hat Prohaska nicht die Fürsorgepflicht für einen Kindergarten, den man moralisch aufbauen muß, sondern er hat als Teamchef Entscheidungen zu treffen und muß nicht jeden einzelnen anrufen und die begründen."

Daß Konrad zwar hinter Franz Wohlfahrt als Nummer 2 leben konnte, aber nicht mehr hinter Michael Konsel, hängt auch mit den Personen zusammen. Die Beziehung zwischen diesen beiden Klassekeepern hatte sich nämlich im Lauf der Jahre zu einem Eisklumpen verformt. Gewachsen aus einer Aversion schon in jungen Jahren, als einander die beiden im Vorfeld der WM 1990 auch in Interviews wenig schenkten: „Beim letzten Teamkurs habe ich

Tormanntrainer Feurer mit Schützling: Wie wenn zu Leitgeb und Muster ein anderer dazukommt

Konsel & Konrad: Gegenseitiger Respekt, aber kein Draht zueinander

Konsel nach Lettland nicht einfach kommentarlos wieder vorbeilassen. Zumal in der damaligen Konstellation wieder Platz war für die Wiener Verhaberungstheorie, weil Team-Tormanntrainer Herbert Feurer zugleich auch Konsels Betreuer bei Rapid war. Auch bei 1000 Eiden eines Teamchefs, unabhängig davon zu urteilen, ist so etwas in einem beinharten Konkurrenzkampf eine problematische Kombination: „Das ist für mich so, wie wenn zum Duo Muster und Leitgeb ein Spieler dazukommt. Der ist psychologisch im Nachteil. Ich halte es für möglich, daß Otto Konrad aus dieser psychologischen Situation heraus auch Fehler gemacht hat", glaubt etwa Klaus Lindenberger.

Unter – aber sicher nicht wegen – Herbert Feurer mußte vor dem Lettland-Spiel bereits mit der Praxis aufgehört werden, daß im Training der Tormanntrainer und ein Tormann dem anderen Keeper einschießen. Das eskalierte in Lindabrunn bei Konsel und Konrad einmal derart, daß Feurer die Sache abbrechen mußte und sie mit diesen beiden von da an nie wieder probierte.

Ein Jahr nach dem Lettland-Spiel hatte Konsel Otto Konrad auch als neue österreichische Tormann-Heldengestalt beerbt und wurde von den „Krone"-Lesern zum Fußballer des Jahres gewählt – vor Konrad, der diese Wahl in den zwei Jahren davor gewonnen hatte. Es war kein Zufall, daß bei dieser Veranstaltung kein einziges gemeinsames Foto der beiden Torhüter zustandekam. So etwas hatte es bei der „Krone"-Wahl davor noch nie gegeben.

mit dem kein Wort geredet. Er ist halt nicht mein Fall, kommt mir vor wie ein Boxer, der ein Hufeisen zu Hilfe nimmt, um zuzuschlagen", erzählte Konrad der „Krone" damals zum Thema Konsel. Der blieb nichts schuldig und wurde ebendort wenig später so zitiert: „Mit dem Thema Konrad befasse ich mich überhaupt nicht, weil meine Orientierungspunkte nicht hinter, sondern nur vor mir liegen können."

Weil Otto Konrad zwar einerseits kräftig austeilen kann, sich aber beim Einstecken schwer tut, prägte sich gerade dieser Konsel-Sager bei ihm ein wie ein Brandzeichen in einem Rinderhintern. Als er endlich der Orientierungspunkt geworden war, der vor dem ungeliebten Rivalen das Teamtor besetzte, konnte er

Franz Wohlfahrt über Otto Konrad: Hätte in manchen Situationen gerne etwas von seiner Geradlinigkeit

Es gibt viele Faktoren, die die Beziehung zwischen Otto Konrad und dem Nationalteam zur verhängnisvollen Affäre werden ließen, aber an einem Punkt läuft alles zusammen: Konrad hatte als Jüngster im Lindenberger-Nachfolgespiel und als Mann aus der Provinz am Anfang sicher die schlechtesten Karten. Aber dann entwickelten sich Konsel, Wohlfahrt und auch Konrad zu Keepern der Extraklasse, und phasenweise stieß auch Wolfgang Knaller in den erlesenen Kreis vor. Für das Fußball-Land Österreich war diese Anhäufung von erstklassigen Tormännern wunderbar, für die einzelnen – je nachdem, wer gerade auf der Strecke blieb – im Bezug aufs Nationalteam weniger. ÖFB-Generalsekretär Alfred Ludwig kommentiert diese Situation so: „Ein solches Tormannproblem wie wir hätte ich gern auf jeder Position. Da haben wir vier Leute, von denen jeder jeden ersetzen kann. Wenn sich der Toni Polster den Haxen bricht, wissen wir hingegen nicht, was wir tun sollen."

Dazu kommt, daß in diesen Konkurrenzkampf drei besonders ehrgeizige Männer verwickelt waren, von denen jeder einzelne – Franz Wohlfahrt vielleicht noch am besten – sehr schwer damit umgehen konnte, sich hinten anstellen zu müssen. Egoismus und Ellenbogentechnik sind heute unabdingbare Voraussetzungen für den Durchmarsch an die Spitze geworden, vor allem für Torhüter. In den 70ern konnten und mußten beispielsweise in Innsbruck zwei so exzellente Keeper wie Friedl Koncilia und Herbert Rettensteiner – beide übrigens auch Teamtorhüter – noch damit leben, in der Meisterschaft abwechselnd jeweils zwei Partien zu spielen und dann wieder dem anderen Platz zu machen. So etwas ist inzwischen absolut unvorstellbar geworden.

Otto Konrad ist in der Nationalmannschaft wahrscheinlich an drei Dingen gescheitert: Erstens hatte er das Pech, immer dann ins Team zu kommen, wenn es nicht gerade berauschend lief. Das kostete ihn mindestens einmal, nach dem 0:3 gegen Dänemark, das Teamleiberl. Auch in Lettland spielte die ganze Mannschaft nicht gut und wurde Konrads schlechter Tag nur im Zuge der Tormanndiskussion so sehr in den Vordergrund gerückt. Wobei er in diesem Fall eine gewisse Mitschuld trägt, weil er körperlich nicht

Otto und das Problem im Teamtor: Wenn sich drei für den besten halten, bleiben immer zwei übrig

auf der Höhe war und trotzdem spielte – aus Furcht davor, die Felle würden ihm sonst endgültig davonschwimmen: „Das war ein großer Fehler von mir – aber einer, den ich in derselben Situation wohl wieder begehen würde", sagt Konrad heute.

Punkt zwei hängt unmittelbar damit zusammen: Otto Konrad ist ein Mann, der nur dann wirklich seine Topleistung bringen kann, wenn er das entsprechende Vertrauen genießt. Dieses Gefühl konnte ihm in der Nationalmannschaft kein Trainer im für ihn nötigen Ausmaß vermitteln, Alfred Riedl vielleicht ausgenommen. Walter Ludescher, der nicht nur den Sportler, sondern auch den Menschen Otto Konrad sehr gut kennt, ist überzeugt, daß dessen zweite Ära als Nummer 1 schon beendet war, ehe sie begonnen hatte: „Prohaska hätte Konrad spielen lassen müssen, als der mit Salzburg die internationalen Erfolge hatte. Da hätte er ihm alles niedergerissen, weil wenn der Otto den Erfolg und das Vertrauen hat, ist er der Beste. Ihm in so einer Situation zu sagen, wie in Klagenfurt gegen Rußland, du spielst eine Halbzeit, weil die Leute das wollen, ist für den Otto tödlich. Der braucht in so einem Moment keine Gesten oder Geschenke, sondern uneingeschränktes Vertrauen."

Das ist in Bezug auf Otto Konrad ganz sicher richtig, aber Herbert Prohaska war und ist nicht nur für dessen Wohlbefinden zuständig, sondern für das bestmögliche, zielgerichtete Funktionieren von 18 Spielern. Und wäre er 1994 Walter Ludeschers Anregung gefolgt, hätte er wohl oder übel Franz Wohlfahrt das Vertrauen entziehen müssen, wofür es aber nicht den geringsten Anlaß gegeben hatte.

Der dritte Faktor ist Otto Konrads Schwierigkeit, mit dem für ihn Negativen umzugehen, was in der konkreten Situation mit drei gleichwertigen Torhütern für nur einen Platz im Teamtor zwangsläufig Probleme bereiten mußte. Wie die meisten Keeper hat auch Konrad ein ausgeprägtes Gerechtigkeitsempfinden, und er fühlte sich im Lauf der Jahre immer wieder ungerecht behandelt.

Prohaska: Verschnupft, aber die Tür bleibt offen

Meistertrainer Dettmar Cramer weiß, woher das kommt: „Eine Frustration entsteht, wenn der Spieler subjektiv eine Benachteiligung erlebt. Das muß keineswegs gleichbedeutend sein mit einer objektiven Benachteiligung. Vielmehr ist die Wahrnehmung und anschließende Interpretation der Situation durch den Spieler entscheidend dafür, ob das Geschehen frustrierend wirkt oder nicht." Klaus Lindenberger, selbst lange hinter Friedl Koncilia zum unbefriedigenden Bankerlsitzen verdammt gewesen, bringt noch eine Dimension ein: „Als Tormann bietest du viel leichter als andere Spieler eine Angriffsfläche, weil du dich nie verstecken kannst und sich jeder deine Fehler merkt. Und man wird immer sensibler, je älter man wird, achtet auf Kleinigkeiten und mißt allem um einen herum sehr viel Bedeutung bei. Auch ich bin im Lauf der Jahre anfälliger und empfindlicher bei Kritik geworden."

Otto Konrad war es in dem Moment, in dem er zum zweitenmal sein Einserleiberl im Team wieder abgeben mußte, ganz besonders. Es war für ihn ganz sicher nicht leicht, nach einem Jahr, in dem ihn fast die gesamte österreichische Fußballwelt zum Größten erklärt, in dem er sich in Salzburg auf sehr lange Zeit zur unantastbaren Person gemausert hatte, in dem die Fans um ihn herum einen beispiellosen Heldenkult inszeniert hatten, in der Nationalmannschaft wieder zu einem ganz normalen, fehlbaren Fußballtormann zu werden. Es war ohne Zweifel nicht gerecht, ihn nach Lettland zum Sündenbock zu stempeln, obwohl er einen Fehler begangen hatte. Aber er hätte, wenn er sich den Spielregeln weiter unterworfen hätte, damit leben müssen. Das wollte er aber nicht mehr.

Denn die Enttäuschungen, das Gefühl, in manchen Situationen ungerecht behandelt worden zu sein – das alles hatten seine Konkurrenten im Verlauf ihrer Teamkarriere genauso erlebt. Michael Konsels Rezept für diese Fälle klingt einfach: „Man kann nur seinen Schnabel halten und immer wieder Leistung bringen. Alles andere führt in so einer Situation zu nichts."

Seinen Schnabel konnte Otto Konrad aber nicht mehr halten. Er hatte mit seinem unbändigen Ehrgeiz, seiner geradlinigen Zielstrebigkeit und seiner enormen Willenskraft alles erreicht, was er erträumt hatte: vom Einserleiberl bei Sturm bis zum Lorbeer des Fußballhelden bei Salzburg, dazu eine gesicherte bürgerliche Existenz als Unternehmer.

Er hatte bis zum Lettland-Spiel trotz allen Unbills daran geglaubt, sich auch den Traum erfüllen zu können, Tormann der österreichischen Nationalmannschaft zu werden. Und zwar nicht als Drehfigur in einem Ringelspiel, sondern alleine. Nach Lettland konnte er daran nicht mehr glauben. Otto Konrad hat einmal gesagt: „Wenn ich etwas mit Leistung nicht erreichen kann, dann lasse ich es bleiben." Auf das Kapitel Nationalteam dürfte das zutreffen.

Auch wenn Teamchef Herbert Prohaska die Tür für Otto Konrad offenstehen läßt, dürfte der draußenbleiben. Mit der Situation, einer von drei Gleichwertigen zu sein, kann der ehrgeizige Keeper in Wahrheit nicht leben. Wo kein Platz für ihn allein ist, kann Otto Konrad auch nicht in Gesellschaft sein. Das Kapitel Nationalteam ist für ihn somit wohl tatsächlich abgeschlossen.

Toni Polster: Ich ziehe vor ihm als Spieler immer mehr den Hut, seit ich selbst in Spanien bin. Er ist ein Phänomen, das mit seinem Schmäh und Charme sogar die Deutschen in der Kiste hat – und das können nur ganz wenige, ich übrigens auch nicht. Ich glaube trotzdem, daß er uns damals, als er in Salzburg zur Diskussion gestanden war, nicht wirklich hätte helfen können. Wir hatten unsere großen Erfolge durch ein Kollektiv und hatten nicht die Spieler, die Toni ausreichend hätten füttern können.

Andreas Herzog: Vom Fußballerischen her weiß man, daß er es kann, und sein erstes Jahr in Bremen war wirklich sensationell. Aber ich bin mir nicht sicher, ob er seine Ent-

Otto & Polster: Noch mehr Respekt seit der Spanien-Erfahrung

KONRAD ÜBER NATIONALTEAM-KOLLEGEN

scheidungen immer allein trifft oder sich beeinflussen läßt. Ich vermisse an ihm manchmal ein wenig die Selbständigkeit, obwohl er mir seit München viel erwachsener vorkommt. In der deutschen Bundesliga muß man sich erst einmal so durchsetzen wie er.

Andreas Ogris: Er war auf seinem Leistungshöhepunkt ein Stürmer, den jede Mannschaft gerne gehabt hätte. Warum er sich damals bei Espanyol Barcelona nicht durchgesetzt hat, verstehe ich angesichts seiner Qualitäten bis heute nicht. Die Vereinspolitik der Wiener Austria war ein Hammer für ihn. So etwas tut schon verdammt weh. Egon Coordes muß für einen Spieler wie Andi eine Katastrophe gewesen sein, und ich bewundere ihn ehrlich, daß er sich durch diese schlimme Phase durchgebissen hat. Er hätte einen ganz großen Weg machen können, wenn er nicht so Austria-fixiert gewesen wäre. Aber diese Treue ist ihm letztlich auf den Schädel gefallen.

Dietmar Kühbauer: Das war immer ein Spieler, den ich als Klubkollegen kategorisch abgelehnt habe. Er ist einerseits ein lustiger Typ und eine Stimmungskanone, aber ich habe persönliche Aversionen aufgebaut, nachdem er sich öffentlich gegen Vereine oder Personen gerichtet hat – wie nach dem Titelgewinn Rapids gegen Sturm-Chef Kartnig. Wenn man einen Funken Intelligenz hätte, müßte man daran denken, was die Kinder von dem Geschmähten denken, wenn sie so etwas im Fernsehen sehen. Fußball hat einen Stellenwert in der Gesellschaft, und man hat die verdammte Verpflichtung, sich danach zu benehmen.

Peter Stöger: Es hat mir sehr leid getan, daß er nicht zu uns nach Salzburg gekommen ist. Das wäre einer gewesen, der uns wirklich weitergeholfen hätte, und Präsident Quehenberger hat mir gegenüber später auch einmal eingestanden, daß es ein schwerer Fehler war, ihn nicht zu holen.

ANSICHTEN EINER REIZFIGUR

Im Jahr 1994, als Austria Salzburg den österreichischen Fußball wieder wachküßte, wurden die Proponenten der Salzburger Erfolge auch zu Botschaftern ihres Sports – allen voran Otto Konrad, der seine mediale Omnipräsenz nicht nur zur Selbstdarstellung, sondern immer wieder auch dazu benützte, für den Fußball im allgemeinen Werbung zu betreiben. Er wurde dafür geschätzt, geehrt und ausgezeichnet – von ÖFB-Präsident Beppo Mauhart bis hin zum damaligen Bundeskanzler Franz Vranitzky. Zwei Jahre später mußte derselbe Otto Konrad damit leben, von jenen, die er und seine Mannschaftskollegen mit tadellosen Auftritten in die Fußballstadien zurückzubringen geholfen hatten, verhöhnt, beschimpft und bespuckt zu werden. Er mußte zur Kenntnis nehmen, daß sehr viele unter dem Hochstand seiner Popularität gelauert hatten, auf daß er wieder zu ihnen herunterfalle, und er mußte schmerzlich erfahren, daß nach der Landung plötzlich wieder alles erlaubt war, was in den Wonnemonaten davor als Majestätsbeleidigung geahndet worden wäre.

Für Andreas Ogris, den langjährigen Austria-Wien- und Nationalteam-Stürmer, ist so etwas nur logisch: „In unserem Beruf gibt es von Seiten der Anhänger für jene Spieler, die nicht nur in der Mitte herumschwimmen und keinen interessieren, nichts zwischen Liebe und Haß." Ogris weiß, wovon er spricht. In ein und derselben Stadt wurde er jahrelang gleichzeitig als Idol bewundert und als Feindbild geschmäht – je nachdem, ob er gerade in Favoriten oder Hütteldorf seiner Arbeit nachging. In Salzburg verhinderten im Sommer 1997 die Anhänger der dortigen Austria die schon beschlossene Verpflichtung von Ogris – aus einer irrationalen Ablehnung heraus,

Reizfigur Andreas Ogris: Es gibt für Spieler wie uns seitens der Fans nichts zwischen Liebe und Haß

Vranz & Otto: Anerkennung vom Regierungschef für einen exzellenten Botschafter des Fußballsports

die als Mittel zur Erpressung des Salzburger Klubchefs Rudolf Quehenberger letztlich aber allemal ausreichte. Der Transfer platzte, Ogris blieb dort, wo ihn zumindest die eine Hälfte der Stadt liebhat.

Ausnahmespieler, die zudem über eine starke Persönlichkeit verfügen, polarisieren also zwangsläufig. Toni Polster kann wahrscheinlich in allen Ländern dieser Erde Torschützenkönig werden, ohne daß sich daheim in Österreich die Zahl derer, die behaupten, er könne nicht kicken, maßgeblich verringern würde. Gerade an Polster wurde diese mit dem Verstand nicht nachvollziehbare und gegen Fakten ganz offensichtlich immune Haltung am deutlichsten, als er in Wien, von den österreichischen Stadionbesuchern gnadenlos ausgepfiffen, mit drei Toren gegen die DDR sein Land zur Weltmeisterschaft 1990 schoß.

Aber zurück zu Otto Konrad, dem die negativen Seiten seines Daseins als Reizfigur den Fortgang aus Österreich massiv erleichterten. Suspekter als lang anhaltender und oft bewiesener Erfolg ist dem gelernten Neider und Miesmacher nur noch der schnelle Erfolg. Konrad, bis 1994 nicht mehr als einer von vier sehr guten Torhütern in Österreich, holte sich in einem einzigen Jahr fast alles, was andere eine ganze Karriere lang nur ersehnen: internationalen Lorbeer auf höchstem Niveau, phänomenale Popularitätswerte und alle Auszeichnungen, die im heimischen Fußball zu vergeben sind – bis hin zum für einen Torhüter nicht gerade selbstverständlichen zweimaligen Titel eines „Torschützen des Jahres."

Neid und Schadenfreude waren nach Konrads Rückkehr zu den Fehl- und Antastbaren gewiß in dem Maß vorhanden, in dem ihm zuvor aberwitzige Verehrung und uneingeschränkte Bewunderung zuteil geworden waren. Aber all das erklärt nicht, warum jemand so einen Feindbildcharakter verpaßt bekommen kann, daß sich etwa eine Gruppe von Tirol-Anhängern im Frühjahr 1997 im Lehener Stadion zu einer unfaßbaren Aktion hinreißen ließ. Nach dem Bombenattentat von Bilbao, bei dem der Torhüter verletzt worden war, entrollten diese Anhänger (wovon eigentlich?) ein Transparent mit der Aufschrift: „Gracias a Bilbao para Konrad." Sinngemäß also: Danke schön Bilbao für das Attentat auf Konrad.

Christian Fürstaller glaubt – grundsätzlich, nicht auf diese Aktion bezogen –, es liegt an der Art, wie sich Otto Konrad nach außen präsentiert: „Er ist provokant und wirkt arrogant – absolut in gewissen Bereichen. Das ist es, was Menschen entweder fasziniert oder abschreckt, und ich glaube, er präsentiert sich absichtlich so, weil er kein Mensch ist, der auf Harmonie aus ist. Für sich, glaube ich, hätte er sie schon gerne, für die Öffentlichkeit nicht. Wenn er sich harmonisch verhalten würde, stünde er nicht so in der Öffentlichkeit, aber das braucht er wie einen Bissen Brot. Er ist wie ein Theaterspieler, der einmal oben war auf den Brettern und wieder runter muß. Das kann er nicht verkraften."

Das mit der Harmonie stimmt in Bezug auf Konrad hundertprozentig, wenn man ihn als Reizfigur nach innen, als mannschaftsinternen Reibebaum, unter die Lupe nimmt. Zwei Faktoren spielen dabei eine maßgebliche Rolle: Konrads unbändiger Ehrgeiz, der auf dem Weg nach oben zum angepeilten Ziel keinen Widerstand duldet, sowie sein Anspruch, in einer Gruppe nicht nur eine, sondern nach Möglichkeit d i e führende Rolle zu übernehmen. Um beides umsetzen zu können, benötigt man ein hohes Maß an Konfliktbereitschaft – nicht nur, aber besonders im Profifußball.

Schon bei Sturm fand sich Konrad sehr früh in der Rolle des Einzelgängers. Seine rotzfreche, rücksichtslos zielstrebige Art, mit der er sich den Weg nach oben bahnte, gepaart mit frontaler Direktheit bei interner Kritik, hätte ihn bei Beliebtheitswahlen in der Mannschaft nicht unter die Top Ten gebracht: „Otto scheute sich nie, seine Ellenbogen einzusetzen, aber das hat letztlich gefruchtet. Er hat immer den Erfolg gesucht, und dabei war seine Art nicht immer angenehm für andere Spieler", erinnert sich der damalige Sturm-Kapitän Heinz Thonhofer, der aber auch die für Konrad nicht sehr angenehme Kehrseite schildert: „Wenn dann aber etwas nicht gepaßt hat, war immer Otto der erste, der eine auf den Helm gekriegt hat und dann oft alleine dagestanden ist." Bei den Anhängern, die von Interna in der Regel nichts mitbekommen, war Konrad hingegen aufgrund seiner Ausstrahlung schon früh die große Nummer: „Der ist eingelaufen, und man hat förmlich gespürt, daß er bei den Leuten etwas auslöst. Michael Paal zum Beispiel war auch ein guter Tormann, aber der hat seine Arbeit gemacht, und das war es dann. Bei Otto hat es von Beginn an etwas gegeben, das über seine Arbeit zwischen den Pfosten hinaus die Menschen angesprochen hat", sagt Thonhofer.

Beliebtheits-Star der Mannschaft war Konrad von Beginn seiner Karriere an nur nach außen. Intern konnte er sich stets nur mit Leistung Kritiker vom Leib halten, denn viele hatten ein Problem mit dem Mann, der seine Vorstellung von erfolgsorientiertem Profifußball gnadenlos jedem seiner Kollegen als Maßstab anlegte: „Daß es Ressentiments gegen solche Spieler gibt, ist klar, aber von Ottos Zielstrebigkeit haben letztlich alle profitiert", sagt sein damaliger Trainer Gustl Starek, der sich in diesem Punkt dem Keeper seelenverwandt fühlt. Auch Thonhofer bilanziert für Konrad positiv: „Im Gesamtrahmen war er für Sturm als Spielerpersönlichkeit unheimlich wertvoll."

In Salzburg war die Situation für Konrad eine andere als in Graz, wo er intern relativ schnell uneingeschränkt regiert hatte. Denn da hatte zunächst einmal Heribert Weber das Sagen und dann lange niemand. Wenn Konrad in dieser Phase intern auf den

> „Wenn du so lange in den positiven Schlagzeilen vorkommst wie Otto, warten schon sehr viele darauf, daß sich das wieder ändert. Und im Fußball erwartest du so etwas halt immer."
> **Kurt Garger**

Tisch haute, brachte ihm das meist nur Distanz statt Respekt ein – wie beim Wiener Stadthallenturnier 1993/94. Da waren die Salzburger Spieler kurz nach dem Triumph über Sporting Lissabon von der Klubführung eingeteilt worden, am ungeliebten Bandenzauber teilzunehmen – was niemanden wirklich interessierte außer Klubchef Quehenberger, der das Geld dringend brauchte. Der allerdings mußte deshalb keinen Urlaub verschieben, und seine Form der Hotelkasernierung war ungleich freudvoller als die seiner kickenden Untergebenen.

Otto Baric zeigte sein Desinteresse, indem er zum ersten Teil des Turniers gar nicht erschien und sich von seinem Cotrainer Kovacic vertreten ließ, der Großteil der Spieler war sauer, allein im Hotel eingepfercht zu sein, statt den im Zuge der UEFA-Cup-Erfolge immer wieder verschobenen Urlaub mit der Familie nachholen zu dürfen. In einer sehr langen Nacht vor einem Matchtag spülte ein Gutteil der frustrierten Kicker die Summe dieser negativen Gefühle hinunter – mit entsprechenden Nachwirkungen, die am nächsten Tag zum Eklat führten.

Noch während des Spiels gegen die Vienna, die die übernächtigen Europacuphelden wie einen Tanzbären am Nasenring vorführte, legte sich Konrad mit seinem Kollegen Peter Artner an, in der Halbzeitpause warf er nach einem Tritt gegen die Kabinentür die Tormannhandschuhe ins Eck und brach seinen Stadthalleneinsatz mit den Worten ab: „Ich muß weg, sonst kriege ich eine Alkoholvergiftung."

Nur die wenigsten seiner Mitspieler hatten dafür Verständnis, obwohl ihm die meisten grundsätzlich recht gaben: „Es war nicht in Ordnung, was da gelaufen ist, aber so etwas bespricht man nicht vor 5.000 Leuten. Wenn Otto fünf Minuten gewartet und dann intern gesagt hätte: Burschen, so interessiert mich das nicht, dann hätte jeder den Hut vor ihm gezogen", erinnert sich Kurt Garger. Nikola Jurcevic ergänzt: „Es war der falsche Zeitpunkt für eine richtige Reaktion. Niemand von uns hatte Verständnis für unsere Teilnahme, keiner war in Wien wirklich mit Freude dabei, und es war eine Phase, in der man eine hundertprozentig professionelle Einstellung nicht verlangen konnte."

Otto Konrad tat es trotzdem. Denn er war im Unterschied zu den meisten seiner

Otto, die Erregung: Wenn Konrad etwas gegen den Strich lief, ließ er es intern ausnahmslos krachen. So auch in der Wiener Stadthalle.

Otto und das Faustrecht: Im Fußball setzt sich stets der Stärkere durch, der Schwächere wollte Konrad nie sein

Kollegen ein begeisterter Hallenspieler, und er wollte sich vor allem nicht vor den erwähnten 5.000 Menschen, noch dazu Wienern, die Blöße geben, in die ihn seine minder motivierten Mannschaftskollegen dann aber hineinzwangen. Es war eine typische Konrad-Reaktion, entstanden aus dem Charakteristikum, den eigenen Maßstab als allgemein gültige Norm vorauszusetzen, etwas, das man gerade bei Torhütern oft findet. Zum Vergleich noch einmal ein Zitat aus Uli Steins „Halbzeit": „Ich fühle mich unverstanden und isoliert. Bittere Fragen traktieren mich: Mein Ehrgeiz, an dem ich auch das restliche Personal der Eintracht maß, meine Streitbarkeit, die sich doch nur auf die Situation beschränkte und so wichtig war gegen Magengeschwüre, meine Zivilcourage – sollte das in diesem Beruf so unangebracht sein? Warum haben alle Angst vor mir? Warum wird es immer ruhig, wenn ich in die Kabine komme? Warum versteht man nicht, wenn ich mal ausflippe? Unter der Dusche ist doch alles wieder vergessen."

Nachdem Heribert Weber seine Karriere beendet hatte, wollte Otto Konrad ihn als Chef in der Mannschaft beerben, was ihm aber aus vier Gründen nur teilweise gelang:

Konrad hatte als Tormann mannschaftsintern nicht die Akzeptanz, die er mit seiner Persönlichkeit als Feldspieler gehabt hätte; sein interner hierarchischer Aufstieg wie auch die Entwicklung zum Medien-Superstar waren zu schnell gegangen, während der 38jährige Weber fast zwei Jahrzehnte Leistungskonstanz auf höchstem Niveau vorzuweisen gehabt hatte; Weber war als öffentlichkeitsscheuer Mensch über jeden Verdacht erhaben, sich durch interne Kritik extern wichtig machen zu wollen – Konrad nicht; und der Tormann war in der sogenannten großen Salzburger Mannschaft das, was er nicht so gerne ist: einer von mehreren in einer starken Position.

Das neue Selbstbewußtsein, das sich die Salzburger Spieler beim Siegeszug durch Europa geholt hatten und das bei einigen bis an die Kippe zur Selbstüberschätzung reichte, machte es nicht nur Otto Baric unmöglich, sein bisheriges Führungsprinzip weiterhin erfolgreich anzuwenden. Es wirkte sich in vielen Fällen auch fatal auf interne Kritikfähigkeit und -bereitschaft aus, verunmöglichte in Wahrheit den designierten Häuptlingen Konrad und Pfeifenberger von vornherein die Regentschaft. Bittere Ironie der Geschichte war, daß dieses Selbstbewußtsein im Endeffekt in den Ruf nach dem Peitschenknaller mündete.

„Wenn noch ein Funken Selbst- und Mitverantwortung in der Truppe gewesen wäre, hätte es sogar nach dem Abgang von Otto Baric noch länger funktionieren können", quittiert Konrad das Ende nicht ohne Bitternis.

Er jedenfalls blieb seinem Kollisionskurs auch in der Zeit uneingeschränkt treu, in der es mit der Machtübernahme der vorgesehenen Anführer nicht klappte. Vor allem mit Peter Artner kam es im Verlauf der drei gemeinsamen Jahre immer wieder zu gravierenden Zusammenstößen, und Artner war auch der Anlaß für den einzigen schweren Krach zwischen Konrad und Heribert Weber. Salzburgs damaliger Vizepräsident Anton Haas hatte vor den Spielen gegen Karlsruhe eine Sonderprämie für das Erreichen des UEFA-Cup-Endspiels ausgesetzt gehabt. Nachdem das geschafft war, sprach sich Konrad dagegen aus, daß dieses Geld auch der nach seinem Ausschluß in Frankfurt für die Semifinalpartien gesperrt gewesene Artner bekommen sollte und geriet darüber mit Weber nach einem Auswärtsspiel in Innsbruck im Bus in einen heftigen Streit.

Dessen Hintergrund war Otto Konrads maßloser Ärger darüber, daß Artner nicht alles aus sich herausholte, im Training zu oft den Schongang einlegte und

> „Ich kann mich auch unterordnen, aber wenn etwas passiert, von dem ich glaube, es führt den Bach runter, geht das so weit, daß ich mit dem Fußballspielen aufhöre."
> **Otto Konrad**

demnach körperlich monatelang im Debet blieb: „Ich verlange von Mitspielern, daß sie alles in ihrer Macht stehende unternehmen, um Erfolg zu haben. Ob das dann reicht, ist eine andere Sache. Andere aber sind Kollegen, die mir das Geld aus der Tasche stehlen", begründet Konrad seine Dauerfehde mit Artner.

Bei dieser blieb er aber allein, obwohl die meisten in der Mannschaft seine Meinung teilten. Nikola Jurcevic begründet das so: „Artner war nicht irgendwer, sondern ein Mann mit 50 Nationalspielen und außerdem der Wunschspieler des Trainers. Konrad fühlte sich stark genug, um Artner zu kritisieren, aber die meisten anderen Spieler dachten: Wenn Baric nichts sagt, können wir auch nichts sagen."

Kurt Garger begründet, warum selbst Heribert Weber in dieser heiklen Angelegenheit nicht die Auseinandersetzung gesucht hatte: „Heri ist eine Spur diplomatischer mit Artner umgegangen, aber er hatte schon die Erfahrung von 38 Lebensjahren und sich in

Koljanin: Klagemauer für Mladenovic

Artner & Konrad: Aversion, Aggression und am Ende offene, beinharte Auseinandersetzungen

ähnlichen Situationen auch schon oft genug den Mund verbrannt." Weber selbst hat im Rückblick selbsterkennendes Verständnis für Konrads forschen, aggressiven Ton: „Er war oft erschreckend direkt, und gerade mir, der früher selbst in der Emotion viel gesagt hat, fiel das dann als Trainer extrem auf. Ich habe oft zu Otto gesagt: Hast du das jetzt so sagen müssen? Und bevor er geantwortet hat, habe ich schon gewußt, daß es genau so sein mußte und keine Spur diplomatischer sein konnte."

Für Diplomatie war in dieser konkreten Auseinandersetzung aber ohnehin beidseitig kein Platz mehr. Konrads Attacken gipfelten in der Aussage vor versammelter Mannschaft, daß Artner in dieser Truppe nichts verloren hätte, und der blieb dem Tormann auch wenig schuldig, vor allem als der im Salzburger Absturzjahr sportlich auch seinen kleinen Durchhänger hatte. Leo Lainer beschreibt die Gefühle der anderen Salzburger Spieler bei diesen Disputen so:

„Viele waren zufrieden, wenn der Otto den Peter Artner angeflogen ist und haben sich dabei wohl gedacht: Super, jetzt muß ich es ihm nicht mehr sagen." Aber er schränkt ein: „Das, was Konrad und vor ihm Heri Weber intern in diese Richtung gemacht haben, ist nur dann besonders notwendig, wenn du einen Trainer wie Otto Baric hast. Bei Ernst Happel hätte etwa Peter Artner genau zwei Möglichkeiten gehabt – entweder er bringt sich in Schuß, oder er spielt nicht. Bei Baric hat er immer gespielt."

Artner war aber in der Salzburger Mannschaft nicht das einzige Ziel der Konrad-Attacken. Auch mit dem Kroaten Mladen Mladenovic krachte es des öfteren, und zwar aus ähnlichen Gründen: „Der hat einmal überragend gespielt, und dann ist er wieder ein ganzes Spiel lang nur herumgestanden, weil ihm seine Position oder seine Aufgabe gerade nicht getaugt hat", erzählt Thomas Winklhofer. Es war ähnlich wie im Fall Artner. Konrad war, ohne dazu aufgefordert

Mladen Mladenovic: Konrad wollte das Maximum aus dem unbestrittenen Könner herausholen

werden zu müssen, Sprachrohr für etwas, das die ganze Mannschaft störte – aber er sprach dabei immer nur mit seiner Stimme. Im Fall Mladenovic bekam er erst in dem Moment Unterstützung, als es opportun war, als der Konflikt zwischen Kroaten und Österreichern bei Salzburg nach dem Baric-Abgang aufbrach. Da hatten erstere keinen Beschützer mehr, da konnten sich plötzlich auch zuvor recht schweigsame Gesellen lautstark über dies und das alterieren.

Tormanntrainer Marinko Koljanin, jetzt Baric-Assistent bei Fenerbahce Istanbul, war damals derjenige, bei dem sich Mladenovic über Konrad beschwerte: „Mladen konnte damals Ottos Kritik nicht akzeptieren, aber als ich eineinhalb Jahre später mit ihm darüber gesprochen habe, sagte er mir: Ich verstehe jetzt, was er gemeint hat, und er hatte recht." Mladenovic' kroatischer Teamkollege Jurcevic weiß, warum diese Einsicht in der akuten Situation nicht möglich war: „Mladen ist vom Charakter her auch ein Führungsspieler, und deshalb tat er sich sehr schwer, zumal die Kritik auch noch vom Tormann kam. Außerdem hatte er nach dem Steaua-Spiel, als alle im Schock spontane Fehleranalysen betrieben, das Gefühl bekommen, die Mannschaft suchte ein Schlachtopfer, und er glaubte, das sollte er sein."

Nur das wäre exakt etwas gewesen, an dem sich Otto Konrad niemals beteiligt hätte. Ihm ging es, wie auch bei Peter Artner, ausschließlich darum, aus einem Spieler herauszuholen, was in ihm steckte. Und bei beiden wußte nicht nur er, daß es mehr war, als oft auf dem Feld gezeigt wurde. Und was er grundsätzlich über Legionäre dachte, hatte er schon lange vor Ausbruch des Kroaten-Österreicher-Konflikts in Salzburg offen gesagt: „Diese Positionen sollten so besetzt sein, daß sie dir weiterhelfen, sonst ist es gescheiter, es spielt ein Einheimischer, mit dem sich die Zuschauer besser identifizieren können. Wir brauchen Legionäre, die unter den Top 3 bis 5 sind, weil dann wären wir nicht aufzuhalten. Jetzt haben wir solche, die teilweise nur auf der Tribüne sitzen."

Außerdem gab es nach dem Baric-Abgang und dem Stessl-Intermezzo etwas, das den Streitbaren viel mehr erzürnte. Es war der Rückzug in die Unmündigkeit von jenen, die im Erfolgsrausch begonnen hatten, Autoritäten zu demontieren und nun in der Katerstimmung nach dem starken Mann riefen: „Wenn ein Spieler von sich selbst behauptet, er braucht einen Trainer, der ihn in den Hintern tritt, ist das ein Zeichen fehlender Intelligenz. Und Aussagen im Fernsehen, daß Trainer Stessl zu gut zu uns gewesen wäre, empörten mich, weil ich da eingeschlossen wurde.

Otto, die Perspektive: Von hinten sehe ich genau, wer sich versteckt

Otto, der Dirigent: Als Tormann leider nur wie ein Eunuch, der weiß, wie es geht, es aber nicht kann

Ich sagte damals den anderen, jeder, der das glaubt, soll hingehen und sagen: Der Trainer war zu gut zu mir persönlich, aber mich soll mit so blödsinnigen Aussagen niemand vereinnahmen", legte sich der Keeper damals gegen die Stimmungslage in der Mannschaft quer. Und er ergänzt auch, warum ihn derlei aufregte: „Ich glaube, Wolfgang Feiersinger zum Beispiel verhält sich in Dortmund anders als damals in Salzburg. Ich mich in Saragossa nicht."

Otto Konrad als interne Reizfigur, das hat also, zusammenfassend, in erster Linie mit seiner Einstellung zum Beruf zu tun, die er jedem, der mit ihm in der Mannschaft steht, ebenso abfordert. Persönlichkeiten, die ebenso „erfolgskrank" sind oder aus anderen Gründen den hundertprozentigen Ernst in das Geschäft einbringen, kommen mit Konrad in der Regel gut aus – wie in Salzburg ganz besonders Heri Weber, Christian Fürstaller, oder, abgesehen von der Entwicklung am Ende der Erfolgstruppe, auch Heimo Pfeifenberger. Solche Spieler haben auch mit der frontalen, direkten und immer unverblümten Art des Tormannes kein Problem, weil sie verstehen, warum er offensiv wird und welchen Zweck das erfüllen soll. Grundsätzlich ist es aber für Feldspieler nicht leicht, wenn ihnen einer erklärt, was sie falsch machen, der, überspitzt formuliert, zwischen zwei Pfosten steht und schreit, während sie mit so kreativen Pflichten wie Spielaufbau und Torvorbereitung betraut sind: „Bei mir ist es leider wie bei einem Eunuchen. Ich wüßte, wie es geht, aber ich kann es nicht. Aber eines kann ich eben vom Tor aus besonders gut – erkennen, wenn sich ein Spieler zu verstecken beginnt, weil das sehe ich aus der Idealperspektive", beschreibt Konrad seine Sicht der Dinge. Wobei der Tormann sich seiner Grenzen als Führungspersönlichkeit auf dem Spielfeld durchaus bewußt ist: „Als Heri Weber weg war, hat etwas gefehlt in der Mannschaft. Wenn wir noch so einen Typen wie ihn als Feldspieler gehabt hätten, wäre es nicht so weit gekommen mit der Mannschaft."

An Weber orientiert, sagt Konrad, hätte er sich jedoch nie bewußt: „Obwohl ich mich in der Retrospektive bei immer mehr Dingen in ihm gesehen habe. Grundsätzlich sind wir einander ähnlich von der Einstellung zum Beruf und vom Versuch der Genauigkeit, Fehlerquellen auszuschalten. Und um noch eine Gemeinsamkeit kommt der Keeper in der Rückschau nicht herum – um die der unvermeidlichen mannschaftsinternen Vereinsamung: „Es kommt bei intern so unangenehmen Spielern der Punkt, an dem die anderen satt sind. Das war bei Heri Weber so, und das war bei mir nicht anders."

Etwas, das auch die Reizfigur Konrad ausmacht, ist hingegen das genaue Gegenteil von dem, was Heri Weber wichtig war und ist und leitet gleichzeitig über zur Außenwirkung des Tormannes mit all ihren Folgewirkungen von phänomenaler Popularität bis zu hetzerischen Haßtiraden – die Lust an der Öffentlichkeit. Konrad hat sich stets mehr als andere zum öffentlichen Menschen gemacht, weil er Fußball als Showgeschäft betrachtet und demnach die Bühne braucht. Für viele, denen das weniger wichtig ist, kontrastiert das mit dem eigentlichen Leistungsbereich auf dem Spielfeld, weil sie nicht sehen können oder wollen, daß die mediale Darstellung auch eine Leistung ist. Wobei etwa Andi Ogris glaubt, daß Konrad am Höhepunkt seiner Popularität die beiden Bereiche manchmal selbst schon ein wenig durcheinandergebracht hat:

„Ich hätte mit ihm überhaupt keine Probleme, wenn er damals nicht auch auf dem Fußballplatz seine Schauspielerqualitäten an den Tag gelegt hätte. Er hat geglaubt, er steht unter einem Glassturz, und man durfte nicht einmal mehr ankommen bei ihm. Aber man muß dabei einrechnen, daß Otto möglicherweise in der Situation mit der Hysterie der Fans en bißchen den Überblick verloren hat, was Show und was Arbeit ist."

Jedenfalls war Konrad immer einer, der sich in einem ohnehin schon exponierten Beruf aus eigenem Antrieb und mit Freude in die erste Reihe des Schaufensters drängte. Damit zieht man zwar im Erfolg die meisten Sympathien auf sich, aber wenn der ausbleibt, bekommt man auch den Großteil der Negativreaktionen ab. Noch einmal Ogris: „Je mehr du im Erfolg den Mund aufreißt, desto mehr Leute warten auf die Chance zur Retourkutsche. Dann kam bei Otto

Otto und der Durchblick: Arbeit als Show oder Show als Arbeit

Konrad und die Vereinsamung: Wenn du ein unangenehmer Spieler bist, werden die anderen einmal satt

der Rasenziegel Nummer 23 in Linz, der ihm den Ball am Fuß vorbei ins Tor umgeleitet hat, und schon hat sich alles ins Negative verkehrt. Die Watschen, die er dann bekommen hat, waren halt von der dreifachen Wucht wie die, die er vorher ausgeteilt hatte."

Neben der Kollegenhäme und dem befreiten Aufschnaufen derer, denen der Schatten, den die Lichtgestalt Konrad geworfen hatte, schon zu lang geworden war, gab es da viele Vorfälle, die den entzauberten Hexer im Innersten trafen und ihm auch das Gefühl gaben, von den eigenen Leuten im Stich gelassen zu werden. So im Herbst 1996 in Wattens, wo Konrad mit einem gehaltenen Elfmeter Salzburg das Weiterkommen im Cup gesichert hatte und danach von Tiroler Anhängern auf dem Weg zum Mannschaftsbus bespuckt und massiv bedroht wurde: „Ich hatte im Klub mehrmals darum gebeten, mich nach dem Ende des großen Popularitätshochs und dem Umkippen der Stimmung vor derartigen Dingen zu schützen. Und dann komme ich in Wattens zum Bus, und drinnen sitzen Trainer und Klubsekretär und essen Wurstsemmeln", erinnert sich Konrad, der es – no na – daraufhin intern wieder einmal ordentlich krachen ließ.

Nach allen logischen Erklärungen bleibt bei solchen Vorfällen immer wieder etwas stehen, das in der Regel mit dem blödsinnigen Stehsatz abgetan wird: „Das gehört im Fußball eben dazu." Aber warum muß es dazugehören, einen Menschen körperlich zu bedrohen, ihn durch Bespucken zu entwürdigen, nur weil er einer bestimmten Mannschaft angehört? Wie echt kann Betroffenheit noch sein, wenn wirklich einmal etwas Schlimmes passiert, wenn man gleichzeitig die Annäherung an diesen Punkt immer wieder als Normalzustand durchgehen läßt? Was Otto Konrad vor allem in Wien, aber beispielsweise auch Dietmar Kühbauer im Frühjahr 1997 außerhalb Wiens entgegengeschwappt ist, das war blanke, primitive Aggression, furchterregend in Ausmaß und Form.

Otto Konrad geriet kurz vor seinem Abgang aus Österreich unter anderem mit der Aussage schwer in

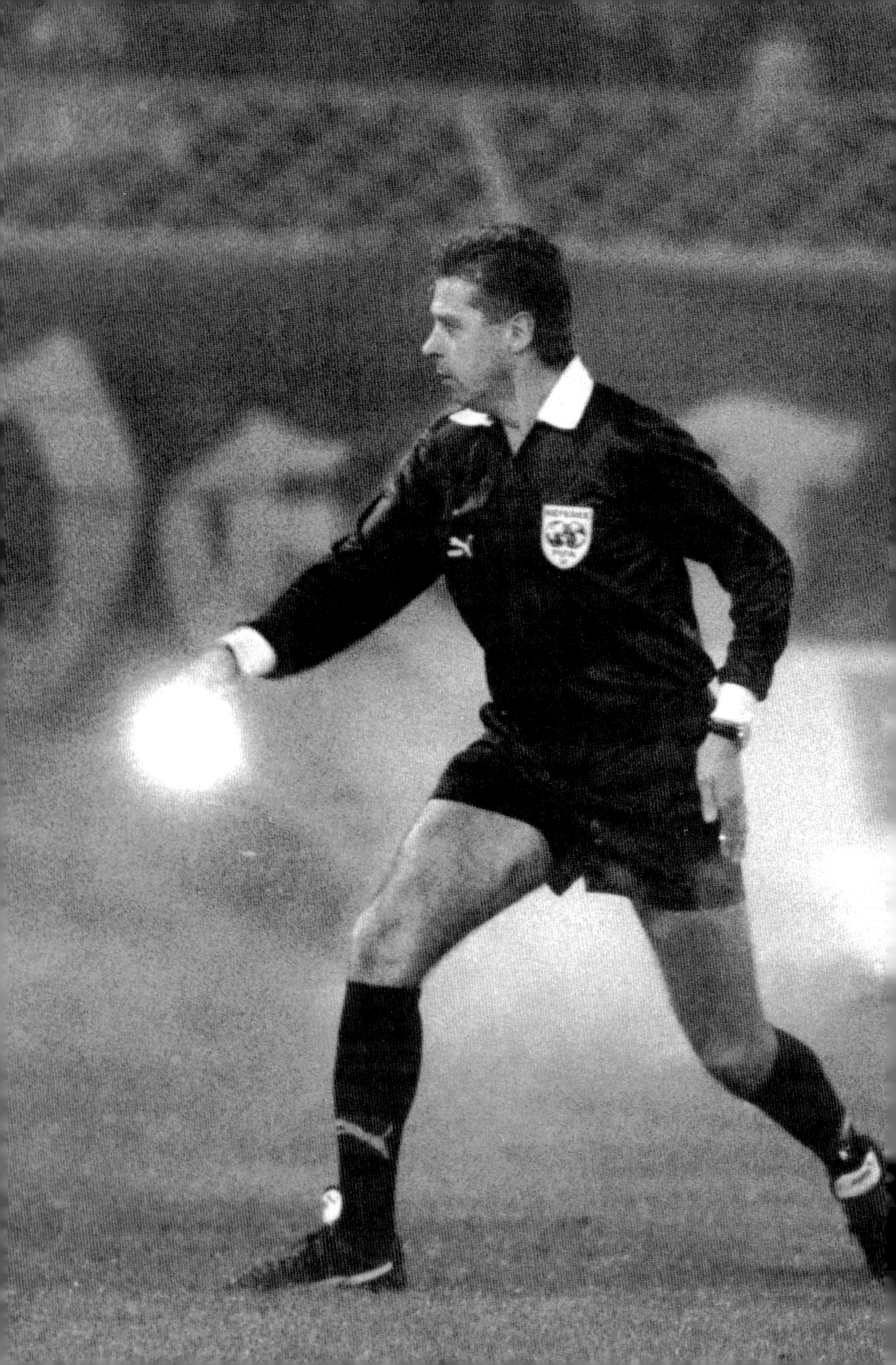

Reizfigur Konrad, aufreizend hämisch: Nachdem im Hanappistadion eine Leuchtrakete in seinen Strafraum geflogen war, drückte er die Schiedsrichter Alfred Wieser in die Hand und verfolgte grinsend, wie sie der in Panik wegwarf – und dabei fast einen Polizisten getroffen hätte.

Otto und die Frage nach der Schmerzgrenze: Den Auswüchsen nach dem Popularitätshoch nicht gewachsen

die Kritik, er sähe einen Teil der Fans aus dem Hanappistadion am liebsten hinter Gittern. Es war dies unbestritten die härteste, bitterste und unpopulärste öffentliche Wortmeldung des Torhüters in seiner gesamten Karriere. Sie hätte aber die Chance eröffnet, über mehr zu diskutieren als nur darüber, ob einer so etwas überhaupt sagen dürfe. Zum Beispiel auch darüber, wie dick die Haut eines Profifußballers sein muß, wo die Schmerzgrenze für einen liegen darf, der bei seiner Berufsausübung nicht nur mit Vokabular aus unterster Schublade beschimpft, sondern darüber hinaus mit Bananenschalen, Münzen, Feuerzeugen, Metallstücken, Wasserbomben, Steinen, Bierbechern und Schnapsfläschchen beworfen wird – alles Gegenstände, die Schiedsrichter im Hanappistadion schon aus dem Strafraum vor der Westkurve getragen haben, wenn dort Konrad seine Arbeit machte.

Man hätte auch darüber sprechen können, daß all das einem Mann widerfahren ist, der zwar bei einer Fußballmannschaft im Tor steht und deshalb mit rauhen Sitten leben muß, der aber gleichzeitig in diesem Land auch als Unternehmer tätig ist, inzwischen über 70 Mitarbeiter beschäftigt und sich verständlicherweise zunehmend schwerer tut, derartige Auswüchse als Normalzustand zu azeptieren: „Es ist nicht spurlos an mir vorübergegangen, daß ich Menschen, mit denen ich beruflich zu tun habe, Primarärzte, Schwestern, Geschäftspartner zu Spielen eingeladen habe und dann zum Beispiel nach dem Spiel gegen Rapid vor diesen Leuten von einem Rapid-Fan angespuckt wurde. Ich bin damals dem Spucker nachgelaufen, und plötzlich hat's mich durchzuckt: Bleib stehen, Otto. Was tust du denn, wenn du den erwischt?"

Otto Konrad ist unbestritten eine provokante Figur, und Christian Fürstaller liegt sicher mit der Unterstellung nicht falsch, daß der Keeper dieses Image auch bewußt pflegt. Aber er hat bei seiner Außendarstellung nachweislich nie etwas gesagt oder getan, das all das auch nur annähernd gerechtfertigt hätte, was im Zuge des Absturzes von Austria Salzburg und der damit verbundenen freudvollen Demontage des Popularitätswunders Otto Konrad auf diesen zugekommen ist. Daß er letztlich selbst derart die Contenance verlor und einmal verbal ebenso radikal und wuchtig zurückschlug, mag unklug, unpopulär und vielleicht für seinen Stellenwert und den eigenen Anspruch an sein Berufsbild sogar unzulässig gewesen sein. Verständlich war es allemal.

Salzburg-Fans liebten an Otto, ...

... **daß** er stets gute Leistungen erbrachte, fähig war, das Spiel zu ordnen, in wichtigen Situationen Nerven und Durchblick behielt und oft Verantwortung übernahm.

... **daß** er neben dem Fußball auch noch als Geschäftsmann sehr erfolgreich ist.

... **daß** er alles, was er sagt, mit guten Argumenten bekräftigen kann.

... **daß** er nicht von Salzburg wegging, nachdem alles zusammengebrochen war, sondern erst, als es wieder gut lief.

... **daß** er auch ganz schön fesch ist.

Rapid-Fans haßten an Otto, ...

... **daß** er uns unglaublich provoziert und uns mit abfälligen Bemerkungen in den Medien den Krieg erklärt hat.

... **daß** er auf die Westtribüne schimpfte und ordinär mit dem Hintern wackelte.

... **daß** wir seinetwegen hinter einem großen Netz in der Westtribüne leben müssen.

... **daß** durch die großen Erfolge aus dem lieben und angenehmen Fußballer ein überheblicher Sportler mit Starallüren geworden war.

... **daß** er alle Wiener Fußballfans für Idioten verkaufte.

NARZISS UND GOLDHAND

Von außen betrachtet haben Profifußballer einen der angenehmsten Jobs. Sie tun etwas, das ihnen Spaß macht, kassieren dafür als Twens ein Gehalt, das die meisten anderen arbeitenden Menschen nicht einmal knapp vor Erreichen des Pensionsalters beziehen, und sie sind auch noch jung, fesch und unternehmungslustig genug, um das wonnevoll ausgeben zu können. Sie werden von Frauen umschwärmt und durch spielerisch anmutende Ballkontakte in der Regel populärer, als andere durch mühsam aufgebaute Sozialkontakte. Es gibt kaum eine Konstellation, die auf den ersten Blick beneidenswerter erscheint.

Von innen betrachtet haben Profifußballer einen der anstrengendsten und riskantesten Jobs. Die Entscheidung für diesen Beruf birgt Risken, denen der Gutteil jener Bürger, die so leidenschaftlich über die verwöhnten Faulpelze auf dem Rasen herziehen können, in ihren eigenen Leben tunlichst aus dem Weg gehen. Während die Karriere in einem herkömmlichen Beruf in der Regel gut planbar ist, Fleiß und Anstrengung belohnt werden und sich gewöhnlich in kontinuierlichem Ansteigen von Ansehen und Gehalt niederschlagen, kann ein einziger Tritt einem Fußballer alles ruinieren, wofür er sich jahrelang abgerackert hat – in der Hoffnung, einer der wenigen zu werden, die für die unerträglich lange Pensionszeit zumindest finanziell ausreichend vorgesorgt haben.

Dazu würden sich nur die wenigsten gewöhnlichen Angestellten dieses Maß an Bevormundung, Einschränkung und Willkür in ihrem Berufsalltag auch nur eine Woche lang bieten lassen, mit dem Profifuß-

Profifußballer Konrad: Model, Vertreter, Sozialarbeiter und Showmaster

baller als Norm zu leben haben. Und die Ausübung dieses Berufes stellt mittlerweile Anforderungen, die nur noch sehr wenig damit zu tun haben, daß sich 22 verspielte Erwachsene um einen Ball balgen: „Das Berufsbild des Fußballstars umfaßt schon jetzt die Aufgaben eines Fotomodells, eines Vertreters, eines Sozialarbeiters und eines Showmasters gleichermaßen" (Dirk Schümer). Seit in diesem Geschäft mehr Millionen auf dem Spiel stehen als Tore in einem solchen fallen, hat die in ihrer lustigen Unbeschwertheit liebreizende Begleitformel „Einmal oben, einmal unt', Hauptsach', wir sind g'sund" ihre Gültigkeit verloren – für die Akteure, für die, die sie bezahlen und selbstverständlich auch für die, die ihnen zuschauen. Fußballer sind Hochleistungsangestellte mit Kurzzeitverschleiß geworden, ein kapitalintensives Konzentrat der Verdrängungs- und Wegwerfgesellschaft. Heute noch hat einer die finanzielle Zukunft seines Klubs vor dem Schußbein und damit die tonnenschwere Verantwortung einer Führungskraft auf seinen Schultern lasten, morgen schon wird er als unbrauchbar abqualifiziert und entsorgt, weil ein jüngerer, zielstrebigerer, entschlossenerer Nachfolger gefunden wurde. In diesem Mikrokosmos des wirklichen Lebens läuft alles schneller, härter und geballter ab als im Leben eines Großteils derer, die ihn sich zur Freizeitgestaltung 90 Minuten lang reinziehen und immer noch glauben, das sei nur ein Spiel.

Dirk Schümer beschreibt die Anforderungen an die Gladiatoren im Verdrängungswettbewerb so: „Schon die Jungstars müssen ihr Leben abseits des Fußballplatzes auf eine Weise organisieren, die an ausdifferenziertes Unternehmertum erinnert: Karriereplanung, Gehalts- und Prämienpoker, Werbeverträge, Geldanlage, Medienarbeit, Image-Kontrolle ... Und wirklich wird man wenige Studenten finden, die es mit einem Jungprofi aufnehmen können, wenn es um Selbstdisziplin, Durchsetzungsvermögen und Lernfähigkeit geht. Dazu kommt noch, daß ein normaler

Sänger Otto K.: Hochleistungsangestellter

Profi mit knapp 30 Jahren mindestens drei, oft aber auch sechs, sieben Arbeitsplätze kennengelernt hat." Dafür, daß immer mehr Profifußballer diese Leistungen auch tatsächlich erbringen müssen, haben sie insgesamt ein miserables Sozialprestige.

Für Uli Stein, den deutschen Klassetormann, allerdings zu Unrecht: „Die Kultur-, Wirtschafts- und Politschickeria rangiert von der allgemeinen Wertschätzung her zwar noch immer weit vor uns. Doch wir sind Allroundstars und pressen ihre Leistungen wöchentlich in 90 Minuten."

Einer der Gründe, warum Otto Konrad im Zuge der Salzburger Erfolge dermaßen populär wurde, war sein Selbstverständnis als Fußballprofi, in dem schon sehr viele der zuvor geschilderten Komponenten enthalten waren. Die Darstellung nach außen mag bei ihm vielleicht in ganz jungen Jahren ausschließlich narzißtische Wurzeln gehabt haben, später begriff er die mediale Präsenz zunehmend als sehr hilfreich und wichtig für seinen Job als Profi, mehr aber noch für

Otto Konrad, der Interview-König von Salzburg: Daß der Bub auf einmal so gut reden kann

sein zweites berufliches Standbein, den Bandagistenbetrieb. Und als Unternehmer hatte er auch die Grundregeln von Marktwirtschaft und Verdrängungswettbewerb umfassender intus als die meisten seiner ausschließlich dem Fußball zugewandten Berufskollegen. Diese durch harte Arbeit an sich selbst zu Stärken herangebildeten Begabungen erleichterten ihm den Weg nach oben zweifellos.

Im Umkehrschub der Beliebtheit wurde dem Tormann dann aber eben das, was ihn in jedem anderen Beruf zu einer rundum anerkannten und bewunderten Führungspersönlichkeit mit medialer Zugkraft gemacht hätte, als übertriebene Eitelkeit, Drang zur Selbstdarstellung und Raffgier ausgelegt.

Was immer Konrad bei öffentlichen Auftritten selbst zu diesen Diagnosen beigetragen haben mag, im großen Zusammenhang wurde er Opfer einer grundsätzlichen Verlogenheit im Fußball. Dort, wo es in Wahrheit nur noch um den reinen Fluß des Geldes geht, um den bestmöglichen Verkauf von Gefühlen auf der Basis der gefühllosen Spielregeln von Höchstleistung und Verdrängung, existiert immer noch die Mär von den elf Sportskameraden, deckt immer noch die schwere Tuchent der Tradition und der Tugend das mittlerweile von jeder Sozialromantik befreite, hemmungslose Treiben auf dem Tummelplatz der Profilierungssucht und Gambler-Mentalität zu.

Überspitzt formuliert könnte man es so ausdrücken: Otto Konrads Vergehen als interne wie als externe Reizfigur war, daß er mit offenen Karten gespielt hat – und das auch noch besonders erfolgreich. Jeder seiner Mannschaftskollegen, mit denen er je gespielt hat, gibt unumwunden zu, daß es ohne den Einsatz von Ellenbogen in diesem Geschäft nicht mehr geht, und trotzdem wird immer wieder der mahnende Hinweis auf die Kollegialität bemüht. Jeder wäre beim Abcashen der Gefühle und Geldscheine liebend gern an Otto Konrads Stelle gestanden, aber ihm wurde das nachträglich fast schon als charakterliches Manko ausgelegt, obwohl er nichts anderes getan hatte, als endlich die Ernte einzufahren, für die er ebenso lange wie hart geackert hatte.

Aber es hat natürlich niemand Interesse daran, das klarzustellen, nicht einmal ein betroffener Spieler selbst. Der lebt wie alle in diesem Geschäft davon, daß „eine der verlogensten Erscheinungsformen des Kapitalismus" (Schümer) nicht enttarnt wird, daß sich bei der Fußball-Kundschaft die Assoziationen mit Ritterlichkeit, Teamgeist, Kameradschaft und hehrem Ziel perpetuieren können. Denn um zu sehen, wie Geld gegen Geld anrennt, damit am Ende noch mehr Geld herausschaut – dafür würde sich niemand in ein Fußballstadion bemühen. Aber das letztlich so Schöne am Fußball, das es immer wieder möglich macht, sich diesem bigotten Treiben leidenschaftlich hinzugeben, sind die Drehbücher, die den schönsten Illusionen stets von neuem Leben einhauchen. Packendes, knisterndes, mitreißendes Leben, genau so eines, wonach sich all die, die Fußball betreiben und vor allem die, die immer wieder in die Stadien kommen, um sich an ihm lustvoll oder zornig zu reiben, so sehr sehnen. Hier wird Leben in all seinen Facetten vorgeführt – Erfolg und Versagen, Tränen und Triumphe, Bussis und Beinbrüche, Haß und Liebe. Hier werden die Märchen wahr vom Sieg des David über den Goliath, hier werden Stückerln gespielt, die zwar ausschauen wie wirkliches Leben, die es aber dort nie geben kann. Ein Greißler kann nie die Billa schlagen, Austria Salzburg die Frankfurter Eintracht sehr wohl.

Das alles wird komprimiert auf gut konsumierbare Spielfilmlänge angeboten, und wenn es aus ist, gehen alle wieder heim ins wirkliche Leben.

Otto Konrad hat vieles von dem, worum es eigentlich geht, sehr früh begriffen, und er begann schon in jungen Jahren, sich ein umfassendes, alle Bereiche der Unterhaltungsindustrie Fußball abdeckendes Rüstzeug zu verschaffen für jenen Moment, in dem für ihn der Vorhang auf der Showbühne aufgehen würde. Im Wissen, daß alles das, was er sich für diesen großen Auftritt aneignete, auch für seine anderen Lebensbereiche nur von Nutzen sein konnte, und daß er umgekehrt das, was er in der Geschäftswelt lernte, im Spitzenfußball gut gebrauchen konnte.

Sogar seine Mutter war überrascht, als sie ihren Filius im Zuge der großen Salzburger Erfolge im Fernsehen plaudern hörte: „Ich habe mich gewundert, wieso sich Otto so gut ausdrücken konnte. Wir haben daheim nie Hochdeutsch gesprochen." Der Grund war gute Vorbereitung gewesen. Konrad hatte sich, nachdem er 1992 in Graz den Bandagistenbetrieb gekauft hatte, besonders intensiv um seine Rhetorik gekümmert und sich oft bei langen Autofahrten selbst Fragen gestellt und diese beantwortet: „Ich hatte nach der Geschäftsübernahme plötzlich viel mit anderen Menschen zu tun, Primarärzten zum Beispiel, und ich sah mich rhetorisch dabei immer wieder damit konfrontiert, daß ich halt ein Fußballer war. Als ich selbst manchmal das Gefühl bekam, ich

Entertainer Otto: Bereit für die Showbühne

Medien- und Vermarktungsprofi Konrad: Ein Mann zum Anbeißen und für jeden Gag zu gewinnen

verliere langsam meine Natürlichkeit, weil ich gescheiter daherreden wollte, als ich in Wirklichkeit war, begann ich, an meiner Ausdrucksweise zu arbeiten, um mich in diesem Bereich weiterzuentwickeln."

Das half ihm in der Folge nicht nur geschäftlich, sondern er war am Popularitäts-Höhepunkt für diese Anforderungen auch entsprechend besser gerüstet als seine Mannschaftskollegen: „Otto hat viel früher als viele andere begriffen, was zum Fußball alles dazugehört. Wir sitzen heute bei rhetorischen Schulungen und Medienseminaren und lassen uns die Dinge erklären, die Otto 1994 von sich aus schon perfekt rübergebracht hat", erkennt Adi Hütter die diesbezüglichen Qualitäten seines Salzburger Kollegen an: „Daß er in dieser Phase derjenige war, der immer im Vordergrund stand, war für den Verein irrsinnig wichtig, weil er am besten von allen darauf vorbereitet war und deshalb so eine gute Figur gemacht hat. Und ich sehe heute in meiner Funktion als Kapitän bei Salzburg – natürlich im Vergleich in viel abgeschwächterer Form –, daß diese Verpflichtungen kein Honiglecken sind. Jeder, der Ottos Popularität nicht verkraftet, muß sich bei der Nase nehmen und sich fragen: Was habe ich jemals dazu getan, daß ich so etwas auch erreichen kann?"

Mit Training machte sich Konrad also rhetorisch zu einem jener Spieler, die Dieter Hildebrandt in seiner köstlichen Fußballsatire „Die verkaufte Haut" von einem frustrierten Durchschnittskicker wie folgt bestaunen läßt: „Ich habe immer wieder die Leute bewundert, die an sich halten können, bei denen man richtig merkt, wie es sich in ihnen sortiert. Wie sie Wörter aussuchen, andere wegwerfen, wie sie dann ihr Instrument stimmen und das Bühnenbild dazu, also ihr Gesicht, für die Aufführung vorbereiten und dann mit dem schönsten Bariton drei kluge Sätze als Festinszenierung über die Rampe singen. Perfekt, prima studiert, kein Wort zuviel. Bevor er den Mund

Jung-Otto im bürgerlichen Beruf: Fußball ist so riskant, daß du dich nie darauf verlassen solltest

aufmacht, hat er seinen Text schon selber eingestrichen, abgehört, genickt dazu, das passende Publikum dafür ausgesucht und in Gedanken schon seine eigene Kritik über sich geschrieben." Dirk Schümer ergänzt die Bedeutung dieser Qualität der Selbstpräsentation in seinem Buch „Gott ist rund" so: „Ein Megastar wie Lothar Matthäus verdankt seinen Erfolg mindestens ebenso sehr wie seinem sportlichen Talent der staunenswerten Fähigkeit, im Panoptikum des Lebens nicht zu erlahmen, jeden Blödsinn mit einem Lächeln zu beantworten, sich jederzeit zum Pressesprecher und Poseur zu machen – kurzum, die eigene Existenz als öffentliches Geschäft zu betreiben."

Es gehört selbstverständlich auch ein Schuß Selbstverliebtheit dazu, um so etwas auch gerne zu tun. Und so hat auch Otto Konrad ein wenig von einem Narziß des 20. Jahrhunderts, dem die Medien der Spiegel sind, in dem er seinem eigenen Antlitz verfällt. „Gern im Mittelpunkt zu stehen geht mit profihafter Einstellung Hand in Hand. Ein großer Spieler muß auch ein bisserl eitel sein. Diese Kombination ist völlig in Ordnung", erkennt Gustl Starek darin aber eher eine leistungsfördernde Komponente.

Konrad selbst sieht das pragmatisch: „Die Medien haben mich zu dem gemacht, was ich bin. Ich habe nur meinen Teil dazu beigetragen, daß sie die Möglichkeit hatten, mich dazu zu machen, weil ich Fußball als Showgeschäft begreife. Als wir mit Salzburg die großen Erfolge hatten, waren es auch die Medien, die erkannten, daß mit den Protagonisten ein gutes Geschäft zu machen ist, und dazu haben sie eben jene benötigt, die etwas zu sagen hatten, die gut aussahen und natürlich die Leistung erbrachten. Dafür haben wir uns natürlich angeboten, und für mich war das auch einer der wesentlichen Gründe, warum um Salzburg diese Hysterie entstanden ist und um Rapid zwei Jahre später nicht mehr in diesem Ausmaß – die hatten nicht die Protagonisten wie wir."

Otto, der Weihnachtsmann: Mit seinem Image die Grenzen des Individualsponsorings aufgebrochen

Da ist schon etwas dran, denn allein das Salzburger Popularitäts-Dreigestirn war auf seine Art einmalig und in ähnlicher Zusammensetzung nicht einfach für den Bedarf zu klonen: Otto Konrad, der universell einsetzbare Medienprofi, der noch dazu bei allen Glanzlichtern eines Jahres Hände, Kopf und Beine im Spiel gehabt hatte; Heimo Pfeifenberger, der durch die Gnade der Schöpfung mit adrettem Äußeren und unwiderstehlichem Lächeln ausgestattete Sonnyboy, der in Auftreten und Spielstil pure, gewinnende Natürlichkeit unters Volk brachte; Wolfgang Feiersinger, der mit seiner lässigen Unbekümmertheit einen Hauch von Cowboy-Romantik verbreitete und gerade durch seine coole Distanz zum großen Rummel die heißesten Sehnsüchte erweckte.

Während Heimo Pfeifenberger und Feiersinger aber Hysterie und Heldenkult eher widerwillig über sich ergehen ließen, nützte Konrad die Gunst der Stunde optimal – und die vielen Kontakte im Zuge der sportlichen Erfolge als Türöffner für den Raum, in dem sich sein Leben nach dem Profifußball abspielen wird. Es war kein Zufall, daß im Frühjahr 1995, also im Anschluß an das Jahr des Otto Konrad, in Salzburg die Filiale von dessen Grazer Sanitätshaus die Pforten öffnete. Auch das beweist, daß der Tormann zur Goldhand nicht geboren wurde, sondern daß nur harte Arbeit und Cleverness seinen Erfolg auch im bürgerlichen Beruf ermöglichten – und natürlich auch sein Talent, im richtigen Moment die richtigen Leute kennenzulernen, etwas, das auch schon der junge Konrad bestens beherrscht hatte.

Während seiner gesamten Fußballerkarriere gab es nur ein Jahr, in dem Otto Konrad nicht daneben auch noch gearbeitet hätte. Schon Walter Ludescher fand es zu Beginn der großen Sportlerlaufbahn des Torhüters „für einen jungen Menschen außergewöhnlich, daß er seinen Beruf nie vernachlässigt und seine diesbezüglichen Ziele nie aus den Augen verloren hat." Bei Trainingslagern büffelte Konrad für die Meisterprüfung, als er mit Sturm einmal in der DDR spielte, brachte er von dort einen Stapel Bandagisten-Fachbücher mit. Sein Vater erinnert sich: „Ich war ganz verblüfft, als er die dann vor mir in Graz ausbreitete und mir jene Dinge zeigte, in denen die Ostdeutschen schon wesentlich weiter waren als wir. Ich dachte damals: Ich verstehe den Buben nicht. Der soll sich jetzt einmal nur ums Kicken kümmern und dann schauen, daß er in der Krankenkasse unterkommt."

Aber das war nicht das, was sich Otto junior für das Leben danach vorstellte: „Ich wollte mir etwas aufbauen, wovon ich nach der Karriere im Sport leben kann, die Voraussetzungen dafür schaffen, daß ich es nachher leichter habe. Der Abschnitt des Fußballs ist so unberechenbar, daß es gefährlich ist, in die Zukunft zu schauen und sich auf diesen Bereich zu verlassen. Außerdem war der Beruf für mich immer wichtig, weil ich halt ein Mensch bin, der glaubt, immer etwas tun zu müssen. Und er hatte für mich auch eine ausgleichende Funktion zur psychischen und physischen Belastung im Sport, weil ich zur richtigen Zeit wieder an andere Dinge denken mußte. Ich war nach großen Siegen dadurch schneller wieder auf dem Boden und hatte nach Niederlagen und Rückschlägen keine Zeit, mich in diesen zu verlieren."

Mannschaftskollegen wunderten sich manchmal darüber, wie Konrad mit seiner Zweigleisigkeit zurechtkam: „Sturm spielte einmal ein Abendspiel auswärts in Innsbruck, und die Mannschaft kam erst gegen 2 oder 3 Uhr in der Früh heim. Am Vormittag war Training, und von 14 bis 22 Uhr hatten wir Unternehmerschule. Ich ging hin und dachte mir: Heute wird der Otto wohl einmal Pause machen.

> „Das größte Problem des Otto Konrad, zu dem man ihm aber gleichzeitig gratulieren muß, ist, daß er immer, auch schon als sehr junger Mensch, mit beiden Beinen ganz fest auf dem Boden stand."
> **Wilfried Silli**

Ottos erster „Meistertitel": Neben Ex-Sturm-Kapitän Rudi Schauss (rechts) auf der Schulbank eingenickt

Aber er war da, ist zwischendurch zwar ein bisserl eingenickt, aber er war da", erinnert sich der frühere Sturm-Kapitän Rudi Schauss, der für seine Prüfung zum Kürschnermeister damals gemeinsam mit Konrad die Schulbank drückte. Auch in Salzburg hatte Konrad auf dem Weg zur Arbeit auf dem Spielfeld immer noch andere Arbeit mit: „Bei jedem Auswärtsspiel war sein Handkoffer dabei, in den er entweder zu erledigende Fanpost oder Geschäftsunterlagen eingepackt hatte. Das bearbeitete er dann im Bus, und ich fragte mich oft, wo er die Kapazität hernimmt, das alles nebeneinander zu bewältigen", geriet auch Nikola Jurcevic gelegentlich ins Staunen. Sogar zu Austria Salzburgs Champions-League-Spiel gegen Ajax Amsterdam nahm Konrad einen Mitarbeiter aus Graz mit, der den Auftrag hatte, sich unterdessen niederländische Sanitätshäuser auf der Suche nach Verbesserungsmöglichkeiten für Konrads Geschäft anzusehen.

Neben dem außergewöhnlichen energetischen Potential, das der Keeper benötigte, um das jahrelang parallel durchzuhalten, brauchte er selbstverständlich auch Entgegenkommen von Trainerseite. Und das hatte er von jenen Trainern im besonderen, denen er später im Gegenzug in kritischen Situationen half. Gustl Starek förderte den beruflichen Ehrgeiz seines Tormannes ebenso wie später Otto Baric durch häufige Befreiung von Trainingseinheiten. Baric erinnert sich an Konrads Dank: „Zusammen waren wir stark. So wie ich für ihn hat er für mich gearbeitet. Otto hat für mich Spieler beeinflußt, wenn ich gewußt habe, er kann besser mit diesen reden. Und manchmal, wenn eine kleine Revolte im Gang war, ist er auch in Erscheinung getreten. Ich wußte dann, er hat geholfen, ohne daß ich mit ihm darüber hätte sprechen müssen. Es war allein sein Versuch, wieder eine positive Stimmung in der Mannschaft zu machen." Daß Mannschaftskollegen mit den Sonderrechten des Keepers immer wieder ein Problem hatten, war gerade bei einem Spieler wie Konrad, der regelmäßig als beinharter interner Kritiker auftrat, nur logisch.

Aber der zog sein anstrengendes Lebensprogramm durch, und das funktionierte deshalb, weil er sich auf dem Feld von der Zusatzbelastung nur selten etwas anmerken ließ und seine Leistung brachte. Daß das aber nicht immer klappte, daß auch bei einem Kraftpaket wie Konrad gelegentlich der Akku leer und die Doppelbelastung nicht mehr unter einen Hut zu bringen war, kann er sich selbst wahrscheinlich erst dann mit letzter Konsequenz eingestehen, wenn er die Tormannhandschuhe für immer ausgezogen hat. Aber die wenigen gravierenden Fehler und die kurzen Schwächeperioden in der erfolgreichen Karriere fielen meist in Phasen außergewöhnlicher Belastungen.

Ob das das Steirertor gegen St. Pölten ein halbes Jahr vor seinem Wechsel nach Salzburg war – eine Zeit, zu der ihn die bevorstehende Meisterprüfung in Anspruch nahm; ob das die unglückliche Phase war, in die mit dem Lettland-Spiel das voraussichtliche Ende der Teamkarriere fiel – eine Zeit, in der nach 54 Pflichtspielen im Jahr 1994, Popularitätspflege und -vermarktung sowie Firmengründung in Salzburg die Energieanzeige schon im dunkelroten Bereich war; ob das schließlich im Herbst 1995 in Linz der legendäre Rasenziegel 23 und das Formtief waren – eine Zeit, in der auch der so lange ausgebeutete und gefügig gespritzte Körper einmal laut nach Hilfe schrie.

Aber auch Otto Konrad ist nur ein Mensch, auch wenn er das selbst oft ungern zugibt.

Die unglaubliche Intensität und pedantische Gründlichkeit, mit der er sein eigenes Erwartungspensum anpackt und dessen Umsetzung herunterspult, läßt jedoch tatsächlich manchmal anderes vermuten. Während des großen Salzburger Erfolgsjahres klapperte er persönlich in der Steiermark alle Krankenhäuser ab, um Aufträge für seine Firma zu ergattern. Auch als er – noch als Sturm-Spieler – für die „Steirerkrone" die Patronanz für den Unterhausfußball übernahm und wöchentlich fast drei Jahre lang das Spiel der Runde betreute, tat er das nicht halbherzig oder schlampig: „Er ist für uns durchs ganze Land gefahren, und in der Steiermark hat ihn fast jeder persönlich gekannt", erinnert sich Sportchef Wilfried Silli: „Beim Verfassen des Matchberichtes ist er dann noch so lange hinter dem Schreiber gestanden, bis auch das letzte Wort genauso dastand, wie er es haben wollte."

Otto Konrad erfüllt den Ausspruch des legendären Sepp Herberger weit über seinen Job als Fußballer hinaus: „Eine Spielerpersönlichkeit wird man nicht,

Otto, der Geehrte: Persönlichkeit nicht angeboren, sondern erarbeitet

weil man dazu bestimmt ist, das muß man sich erarbeiten." Sogar Ottos Vater sagt: „In meiner Zeit als Jugendleiter beim Grazer Sportklub hatte ich einige Buben, die weit talentierter waren als meiner, aber die sind trotz ihres Talents alle versandet." Walter Saria, den Konrad im Sturm-Tor abgelöst hatte, befindet ähnlich: „Der Schlüssel zu seinen Erfolgen ist sein unbändiger Wille, der Berge versetzen kann. Mehr als sein sportliches Talent, wobei diese Willenskraft natürlich auch Teil eines Talentes ist. Otto kann sich seinen Erfolg durch die Summe seiner Talente sichern. Das geht aber nur in einer Sportart wie Fußball, weil der Erfolg nicht so meßbar ist wie die Durchgangszeit eines 100-Meter-Läufers."

Eine der phantasielosesten und deshalb wohl auch beliebtesten Fragen an erfolgreiche Menschen ist die nach dem Erfolgsrezept. Die ist im Fall Konrad ganz einfach zu beantworten: Willenskraft und die Selbstdisziplin, sich mit dieser Willenskraft immer weiter voranzupeitschen, das sind die Eckpfeiler, auf denen der Mensch und Karrierist Konrad steht. Wie stark, wie dominant Willenskraft im Leben eines Sportlers sein kann, beschreibt auch Uli Stein: „Ich hatte mich zu behaupten. Ich konnte nicht verlieren und meinte, mich ständig wehren zu müssen. Mein Selbstbehauptungswille, der manchmal die Grenzen des sozial Verträglichen sprengte, ließ mich Hanteln stemmen, mich vom Fliegengewicht zum Athleten quälen. Nur

Otto und sein „Guru" Bittermann: Mittelweg, um nicht überzuschnappen und Erfolg trotzdem auszukosten

meiner Besessenheit verdanke ich das Vertrauen, das Happel in mich gesetzt hat. Damit habe ich aber auch Schiedsrichter, Mannschaftskameraden und Trainer vor den Kopf gestoßen. Durch den Glauben an meine Leistungsfähigkeit bin ich mit dem Hamburger SV Europapokalsieger geworden."

Für Kurt Bittermann, Ex-Masseur bei der Salzburger Austria und in dieser Zeit fast ein persönlicher Betreuer Otto Konrads, kamen dessen Erfolge samt dem Aufstieg zur Leuchtfigur nicht unerwartet: „Das war kein Zufall, sondern ganz klar – aus der Gesetzmäßigkeit heraus, daß die Person, die einen Zielgedanken hat, über allen anderen steht." Bittermann hatte Konrad auf dem Weg zum Erfolg mit Prana Jama unterstützt, einer Atemtechnik aus dem Indischen, die zur Tiefenentspannung führt: „Die Arbeit damit hat seinen Charakter wachsen lassen. Er war in seinem Tun selbstbewußt und hat innere Ruhe ausgestrahlt. Er konnte sich feiern lassen, aber gleichzeitig distanziert beobachten." Konrad war, ob auf dem Karrieremarsch im Sport oder im Geschäftsleben, allem Neuen gegenüber stets aufgeschlossen, und für die Verarbeitung seiner überdimensionierten Popularität brauchte auch er Hilfe: „Es ist sehr schwierig, einen Mittelweg zu finden, um mit Erfolg umgehen zu können und ihn trotzdem auszukosten. Es war keine leichte Zeit für Otto, weil alle versuchten, ihn zu verheizen, aber im Endeffekt keiner für ihn wirklich da war", sagt Bittermann, der auch weiß: „Otto

Besessene Konrad und Stein: Große Erfolge durch die Kraft des Willens

hat sich schon am Höhepunkt der Salzburger Erfolge, als alle im Jubelrausch waren, die ersten Gedanken zu machen begonnen, was danach wohl kommen wird."

Was Otto Konrad so sehr von seinen Kollegen unterscheidet, mit denen er in Salzburg so viel erreicht hat, ist – und das klingt beim exponiertesten der Stars paradox –, daß er Erfolg nicht in dem Ausmaß genießen kann wie andere, weil es ihn sofort, nachdem sich dieser eingestellt hat, schon wieder weitertreibt. Das qualifiziert ihn zwar für höchste Aufgaben in seinem Metier, raubt ihm aber auch ein gutes Stück Lebensqualität, weil er nicht verweilen kann. Deshalb stimmt wohl auch, was Adi Hütter über den für die Öffentlichkeit Erfolgreichsten einer großen Mannschaft trotz dessen phantastischer Leistungen, spektakulärer Aktionen und großer Erfolge sagt: „Otto hat im Endeffekt auch in Salzburg

Die doppelten Ottos mit Klubchef Quehenberger: Erfolg nicht als erreichtes Ziel, sondern als Vorstufe feiern

nicht erreichen können, was er sich vorgestellt hat, weil zu viele nicht mitgezogen haben." Ein Eindruck, der sich auch in den langen Gesprächen während der Arbeit zu diesem Buch immer wieder einstellte. Für einen, der so viel erreicht hat, so hoch oben war, schwang da zu viel Bitternis und Enttäuschung mit, genährt sicher auch vom unschönen Abgang aus Österreich, entstanden aber wohl daraus, daß gemeinsam Erarbeitetes so schnell wieder vor die Hunde gegangen war. Otto Konrad genügt es nicht, Erfolg zu haben, er will immer noch mehr Erfolg: „Er hat eine hundertprozentige Einstellung zum Sport und zum Leistungssystem grundsätzlich. Er ist eben ein Mensch, der sich und eine Mannschaft immer weiterentwickeln will", sagt Christian Fürstaller.

Deshalb waren für Konrad das UEFA-Cup-Finale, die Champions League und zwei Meistertitel weniger erreichte Ziele, sondern die Bestätigung, daß nun nicht mehr viel fehlte, um den nächsten Schritt tun zu können, den, bei dem man ein Endspiel nicht mehr unglücklich verliert, sondern glücklich gewinnt, den, bei dem im Kampf um den Einzug ins Viertelfinale der Champions League nicht wieder trotz der besseren Ausgangsposition der logische Verlierer Salzburg, sondern der große AC Milan auf der Strecke bleiben würde. Während sich Otto Konrad schon über diesen nächsten Schritt Gedanken machte, waren die meisten um ihn herum aber bereits stehengeblieben, um im Moment, der so schön war, zu verweilen. Wer stehenbleibt, ist aber schon zurückgefallen, und das war es, was Konrad wußte, aber nicht verhindern konnte.

Es bleibt die Frage, ob diese Eigenschaft des Erfolgsmenschen Otto Konrad eher auf der Fähigkeit beruht, immer weiter zu drängen oder auf der Unfähigkeit, einmal innezuhalten. Das ist allerdings eine Frage, die für den Sportler und Geschäftsmann von untergeordnetem Interesse ist, denn in diesen Bereichen zählt einzig das Resultat, nicht der Weg dorthin. Ebenso ist es müßig zu erörtern, ob die Gabe zur Selbstdarstellung auf Narzißmus, Showtalent oder

Ave Otto: Der König der Popularität konnte zwar große Erfolge feiern, sein Ziel aber nicht erreichen

Otto, der rastlose Ruhmreiche: Nach dem Meisterkuß seiner Manuela stellte sich die Frage, wie es weitergeht

Geschäfstüchtigkeit beruht. Fest steht, daß Konrad damit sich, vor allem aber auch der Salzburger Austria, jede Menge Geld verschafft hat, und das ist es, worum es bei einer Karriere nun einmal hauptsächlich geht: „Er hat sich für die exponierte Darstellung angeboten, vermittelte das Bild des intelligenten Sportlers, der auch Qualitätsprodukte bewerben konnte. Er hat es geschafft, daß er für Marken stehen kann und so auch die Grenzen des Individualsponsorings aufgebrochen", schwärmt Toni Pichler, ehemaliger Marketing-Manager der Salzburger Austria: „Er hat perfekt vorgezeigt, wie sich einer in den Dienst des Vereins und der Sache stellt."

Warum Konrad so viel Lob erntet, hat nicht nur den Grund, daß der Verein an ihm mehr verdient hat, als er den Klub gekostet hat. Sogar nach Ottos Wechsel nach Spanien kassierte Salzburg noch einmal mit, als Ovomaltine den Werbe-Kontrakt mit dem Tormann trotz dessen Abwanderung verlängerte.

Pichlers Komplimente basieren vor allem auch darauf, daß Konrad kein Schönwetter-Casher war, sondern sich als einziger auch in der sportlichen und der Umsatz-Baisse regelmäßig erkundigte, ob etwas zu tun wäre: „Er wußte, daß er nicht nur eine Hol-, sondern auch eine Bringschuld hatte und war für mich in der Mannschaft immer die erste Adresse als Ansprechpartner, ein Fels in der Brandung, der auch dann im Marketingbereich noch für eine positive Grundstimmung gesorgt hat, als das durch die sportlichen Tiefschläge ohne Otto keinen mehr interessiert hätte."

Nur in einem ging Wirtschaftsmann Pichler mit seinem besten Werbeträger nicht konform, und zwar bei Ottos Reizthema, dem Nationalteam: „Sein Abtritt in dieser Form war keine gute Entscheidung. Er wird im Wirtschaftsleben noch lernen, daß vieles, was aussieht wie eine Niederlage, keine ist, sondern eine Marktgegebenheit. Und im großen Zusammenhang bestimmt eben nicht Otto Konrad den Markt, sondern der Markt den Otto Konrad."

Unter dem Strich bleibt bei der Betrachtung des Geschäftstüchtigen, daß seine Zugewinne an Barem und an Popularität nicht Produkte glücklicher Fügungen, sondern Resultate von Willenskraft und Zielstrebigkeit waren. Vor allem bei den Gesprächen mit Otto Konrad in Spanien blieb aber der Eindruck hängen, daß ihm zunehmend der Preis für Gewinne dieser Art bewußt wird – Rastlosigkeit, unglaublicher Kräfteverschleiß, Verzicht auf vieles Menschliche und wachsende Sehnsucht. Eine Sehnsucht nach dem, was viele scheinbar Schwächere und Erfolglosere schon können, Konrad aber wohl erst behutsam lernen muß: Befriedigung und Glücksgefühl in Bereichen zu erlangen, die für die öffentliche Präsentation nicht geeignet sind, und diesen Bereichen den Stellenwert zu geben, den sie verdienen. Von dem, was Otto Konrad im Fußballtor geleistet hat und nach wie vor leistet, wird irgendwann nur die Erinnerung übrigbleiben – auch wenn diese bei ihm heller strahlen mag als bei vielen seiner Kollegen.

Das, was Konrad als Menschen wie jeden anderen ausmacht, wird ihn auch den Rest seiner Zeit begleiten. Seit er Gedanken wie diesen nicht mehr dadurch entfliehen kann, daß er sich auf der Hetzjagd zwischen Training, Firma und PR-Termin die Zeit dafür raubt, seit er stattdessen gelegentlich Siesta hält und seiner kleinen Tochter Romina bei den ersten tapsigen Schritten zusieht, gestattet er sich auch die Vorstellung von seinem Leben danach – dem zweiten Leben des Otto Konrad, das langsam die Beachtung bekommt, die es brauchen wird, damit der inzwischen bald 33jährige darin ähnlich gute Figur machen kann wie bisher in seinen beiden Berufen.

> „Über das Leben nachdenken wollte ich erst, nachdem ich mit dem Fußball aufgehört habe. Aber der Stellenwert meiner Tochter hat mein Leben jetzt schon mehr verändert, als ich dachte."
> **Otto Konrad**

SEHNSUCHT NACH LEBEN ZWEI

Zunächst tun es ungefragt und ungeniert fast alle Verwandten, später dann fangen auch die Eltern selbst an, in ihren Sprößlingen die Ähnlichkeiten mit sich selbst zu suchen. Margit und Otto Konrad fanden bei Filius Otto zwar manches, das sich direkt auf den Buben vererbt hatte – aber auch vieles, das sie sich erst erklären konnten, als sie eine Generation zurückschauten, konkret auf Otto Konrads Großvater mütterlicherseits. Der war Berliner, Stuka-Pilot im Zweiten Weltkrieg und exakt jene Mischung aus preußischer Disziplin und südländischer Lebens- und Abenteuerlust, die sich offensichtlich, eine Generation ignorierend, direkt auf Enkel Otto übertragen hatte. Den Herrn Großpapa drängte es Zeit seines Lebens zwar in die Ferne, wo er sich und die schnöden Sorgen von daheim im Sog immer neuer, spannender Abenteuer vergessen konnte, wenn er dann aber wieder daheim war, führte er ein strenges, ja sogar diktatorisches Regime, in dem es für den pedantischen Preußen nur eine allgemein gültige Wahrheit gab: seine Regeln und seine Vorstellungen, wie man das Leben anzupacken und zu führen hatte.

Draufgänger und Diktator – ein bißchen etwas von beidem steckt auch im Enkel, was sich beileibe nicht nur am Fußballplatz, sondern auch in dem Bereich zeigt, in den nur ganz wenige Menschen hineinschauen dürfen: im Privatleben des öffentlichen Menschen Otto Konrad. Wobei der bei der Umsetzung seiner diesbezüglichen Erbanlagen zwei Probleme hat. Er ist für den Draufgänger zu vorsichtig und diszipliniert und für den Diktator im Innersten zu weich. Aber zumindest als Drang ist beides vorhanden. Was dem Großvater, der drei Flugzeugabstürze überlebte und schließlich nach einem Sturz von der Gehsteigkante starb, als Reiz und Leidenschaft die Flugzeuge waren, probierte Otto Konrad beim Bungee Jumping und Fallschirmspringen aus. Die Lust, die Welt zu entdecken, die den Opa um den Globus getrieben hatte, kann der Enkel durch seinen Job als Fußballprofi wunderbar ausleben. Und im Bedürfnis, allen um sich herum zu erklären, wie es im Leben am besten funktioniert, finden sich Opa und Otto wie eineiige Zwillinge.

„Otto verlangt von den anderen, so zu sein wie er", sagt seine Mutter: „Es sind oft nur Kleinigkeiten, wenn er mich zum Beispiel schimpft, daß Geschirr in der Abwasch steht, obwohl ich einen Geschirrspüler habe. Oder wenn er auf Besuch kommt, müssen wir lange vorher die Wohnung lüften, weil er Zigarettenrauch nicht mag." Seine Schwester Helene, die ihm inzwischen im Grazer Sanitätshaus den Laden schaukeln hilft, weiß: „Es ist nicht gerade leicht, mit ihm zu arbeiten, weil es für ihn nur Schwarz oder Weiß gibt. Er glaubt einem anderen dessen Standpunkt erst dann, wenn er ihn hieb- und stichfest bewiesen vor sich liegen hat. Es ist recht schwer, mit ihm mitzuhalten, weil er ein sehr hohes Tempo geht. Verheiratet könnte ich mit meinem Bruder nicht sein."

Die, die das inzwischen schon seit mehr als fünf Jahren ist, hat das egoistische Energiebündel recht gut im Griff, obwohl Otto auch im Eheleben dominant ist oder von Ehefrau Manuela zumindest im Glauben gelassen wird, es zu sein: „Für ihn bin ich das

Der fliegende Enkel: Otto auf Großvaters Spuren beim Bungee Jumping (links) und Fallschirmspringen

schwache Geschlecht, und er glaubt, er muß mir vieles abnehmen. Deshalb habe ich ihm vor der Geburt unserer Tochter Romina auch gleich gesagt: Du brauchst da überhaupt nicht dabeizusein, weil das pack' ich alleine." Ob es Manuela dadurch gelungen ist, ihren Gatten restlos davon zu überzeugen, daß er auf dem Gebärsektor nicht auch das eine oder andere besser gemacht hätte, sei dahingestellt.

Seit die kleine Romina die Familie Konrad ergänzt, beobachtet Manuela an ihrem Mann aber Dinge, mit denen sie nicht gerechnet hatte: „Ich hatte vorausgesetzt, daß das Kind wohl meine Sache werden würde. Aber als Otto dann schon während der Schwangerschaft begonnen hat, sich mit unglaublicher Begeisterung die Ultraschall-Videos anzuschauen, als ich gesehen habe, wie sehr ihn das fasziniert, was da entsteht, bin ich schon stutzig geworden. Und heute ist es so, daß nur er mit dem Kinderwagen fahren darf, weil er das natürlich besser kann als ich. Und wenn Romina in der Früh wach wird, muß er sie herüber ins

Der Otto-Opa: Abenteurer und Diktator

Schlafzimmer holen, weil dann sieht sie den Papa als Erstes vom neuen Tag. Und sehr viele Väter rennen davon, wenn beim Kind die Hose voll ist, ich kann Otto mit Romina aber ganz allein lassen. Ich hätte nie gedacht, daß ein Kind einen Menschen in manchen Bereichen so zum Positiven verändern kann – aber vielleicht ist das auch eine Altersfrage."

Es ist in jedem Fall eine Frage eines neuen Lebensabschnittes, der mit der Elternschaft beginnt. Otto Konrad mußte durch diese neue Erfahrung zwangsläufig einiges in seinem Leben überdenken, weil ein Kind andere Ansprüche stellt – und zwar sofort.

Otto & Manuela: Probleme sind Männersache

Junge Liebe: Fußball war noch nicht so wichtig

Eine Partnerin steckt in vielen Profifußballer-Beziehungen oft lange zurück, ordnet sich dem Job des Mannes unter, hat für das kräfteraubende Hochgeschwindigkeitsleben eines Dauerbeanspruchten fürsorgliches Verständnis und verzichtet in vielen Fällen darauf, zusätzlichen Druck durch das Einfordern verständlicher eigener Ansprüche zu erzeugen: „Es waren große Entbehrungen, weil Otto oft sehr lange weg war. Aber er war auch derjenige, der den Erfolg hatte, und es war wichtig, daß ich da im Hintergrund geblieben bin", sagt Manuela zu diesem Thema.

Wobei sie keineswegs die folgsame Fußballerbraut ist, die „Frauerl" macht, wenn das Herrl pfeift. Die frühere Vertragsbedienstete beim Amt der steirischen Landesregierung hat nur einfach die Entscheidung getroffen, zugunsten der Karriere des Mannes auf die eigene zu verzichten, als Otto zu Salzburg wechselte: „Ich wollte keine Wochenendbeziehung haben, deshalb habe ich meinen Job in Graz aufgegeben."

Wobei sich Manuela von der Arbeit im Amt das pragmatische Denken bewahrt hat, denn für sie war nie die Frage aktuell, die sich wahrscheinlich Tausende am Höhepunkt der Popularität ihres Mannes stellten: Wie lebt es sich an der Seite eines Superstars? Sie führte all die Jahre eine normale Beziehung, und die einzige Frage, die für sie wichtig war, lautete: Hält diese Beziehung, was sie verspricht, oder nicht?

Otto & Eltern: Verlangt, so zu sein wie er

Diese Frage hatte ihr Otto schon drei Jahre vor seinem Wechsel nach Salzburg beantwortet. Damals, im verflixten siebten Jahr der Beziehung, ging es für die junge Frau plötzlich um Leben oder Tod, als ihre Gallenblase platzte und sie nach einer Notoperation tagelang in akuter Lebensgefahr schwebte: „Damals habe ich gemerkt, was ihm an mir liegt. Manche bekommen in so einer Situation vielleicht die Panik, aber er hat fest zu mir gehalten und mir in dieser Situation ganz entscheidend geholfen."

Wohl deshalb hatte Manuela Konrad auch in der Phase der aboluten Fan-Hysterie nie Angst um ihre Beziehung: „Wenn es angebracht war, habe ich ihn zur Ordnung gerufen, aber er hat in dieser Zeit ohnehin auch in der Öffentlichkeit immer gezeigt, daß ich an seiner Seite bin." In einer Zeit, in der im Zuge des Salzburger Höhenflugs auch zwei Austria-Fußballer-Ehen geschieden wurden, war derlei nicht selbstverständlich, weil die Versuchungen für jeden einzelnen der violetten Stars Ausmaße annahmen, die man sich als redlich bemühter Normalverbraucher kaum vorstellen kann. Grundsätzlich vernünftige junge Damen offerierten sich in diesen Tagen wie kreischende Groupies den Helden der Stunde, um einen Fußballerleib zu erhaschen – als beglückendes Souvenir von den Stunden der Siege.

In dieser Phase kam der Konradschen Ehe wohl auch zugute, daß sie nicht als Fußballer-Beziehung begonnen hatte: „Als ich den Otto kennenlernte, wußte ich gar nicht, daß er überhaupt Fußball spielt. Und als ich es erfahren hatte, war das für mich mehr eine Freizeitbeschäftigung als ein Beruf. Alles, was danach kam, haben wir dann gemeinsam erlebt, und zwar Stufe für Stufe. Das hat es sicher leichter gemacht, das zu schaffen, was mir immer am wichtigsten war – am Boden zu bleiben", sagt Manuela.

> „Wenn es irgendein Problem gibt, versucht Otto, das von mir fernzuhalten und mir erst das gelöste zu übergeben, weil er glaubt, ich packe das nicht. Er hält mich für das schwache Geschlecht."
> **Manuela Konrad**

Zumal es Otto Konrad immer strikt durchgezogen hat, Fußball und Privatleben zu trennen. Das hatte er schon getan, als er noch daheim bei seinen Eltern ein Zimmer bewohnte: „Er hat nur daheim geschlafen, wenn Sturm gewonnen hat. Nach Niederlagen ist er in das Haus seines Großvaters, das er sich dann später zum eigenen umgebaut hat, und war dort allein mit seinen Gedanken. Wahrscheinlich hat er in diesen Nächten nicht einmal besonders viel geschlafen, aber er wollte uns auf keinen Fall mit dem behelligen, was ihn beschäftigte", erinnert sich sein Vater.

Auch Manuela macht nach wie vor ähnliche Erfahrungen – wiewohl mit dem Unterschied, daß Otto auch nach Niederlagen in die eheliche Kammer kommt: „Wenn an ihm etwas zehrt, ist er ganz in sich. Da hört er mir nicht einmal richtig zu, und manchmal renne ich ihm in der Wohnung nach und muß ihn fast anschreien, damit ich ihm etwas sagen kann." Aber das ist wohl zwangsläufig so bei einem, der nur sich selbst die Lösung für seine Probleme und Sorgen zutraut. Wobei diese Problemlösungskompetenz schon auch der Beziehung Stabilität verleiht: „Es ist sehr beruhigend zu wissen, daß man sich auf Otto hundertprozentig verlassen kann. Er ist ein sehr ehrlicher und geradliniger Mensch, und wenn er sagt, er kümmert sich um etwas, dann tut er das auch", sieht seine Frau sehr wohl auch den praktischen Nutzen dieses Charakterzuges.

Seit dem Wechsel nach Spanien hat sich aber auch die Beziehung verändert. Konrad hatte die Chance, einen Gang zurückzuschalten – nicht sportlich, sondern im sogenannten normalen Leben, das ihn in Salzburg bereits hart an die Grenze seiner Belastbarkeit geführt hatte. Er kann jetzt wie ein Fußballprofi leben, konsequent im Job, aber dabei nicht mehr zerrissen zwischen zig sonstigen Verpflichtungen.

Otto & Manuela: Wer mit wem Schlitten fährt, ist bei zwei so verschiedenen Charakteren schwer zu sagen

Otto & Manuela: Zweisamkeit nicht mehr als Pose für die Öffentlichkeit, sondern einmal nur füreinander

Otto Konrad ist in Spanien ruhiger geworden, ist zwar immer noch ein Kraftwerk, aber eines, das sich inzwischen nicht mehr einbildet, in einem Jahr die Energie fürs halbe Leben produzieren zu müssen. Es tat auch ihm, dem eitlen Poseur, sehr gut, einmal ein Weilchen unbehelligt vom anstrengenden Wohlwollen der Umwelt durchs Alltagsleben gehen zu können. Eine Nudelsuppe ohne Autogramm – selbst das kann einmal zum erstrebenswerten Ereignis werden.

Wiewohl es ihn schon wieder juckt und die Zeit bis zum Beherrschen der spanischen Sprache, in der er schon seit geraumer Zeit einiges zu sagen hätte, bereits unerträglich langsam verrinnt. Aber der Süden tut Konrad gut – überspitzt formuliert: weil er ihn vermenschlicht, oder treffender ausgedrückt: weil die sonnige Umgebung aus ihm herauskitzelt, was zu lange von nachgerade preußischer Strenge unterjocht worden war – das Lebensgefühl im Leistungsprinzip. Das alles mag ein wenig so klingen, als ob Otto Konrads Legionärs-Dasein eine Art Kur zur Ausheilung von chronischem Ehrgeiz sei. So ist das nicht, und so ist es auch nicht gemeint.

Es geht in diesem Kapitel ausschließlich um den privaten, oder, wenn man will, persönlichen Kern des öffentlichen Menschen, und dem tut die Erfahrung Süden mit allem, was dazugehört, einfach gut. Aus einem manchmal in seiner wohlkalkulierten Wortwahl fast schon zu glatten öffentlichen Auftreter wird, und das ist ein sehr persönlicher Eindruck, zunehmend ein lockerer, natürlicher Kerl. Otto Konrad hätte als aktiver Fußballer wahrscheinlich in Salzburg niemals den Satz über die Lippen gekriegt: „Irgendwann möchte ich versuchen, zur Ruhe zu kommen." In Spanien, bei der Siesta, gelang ihm das relativ mühelos.

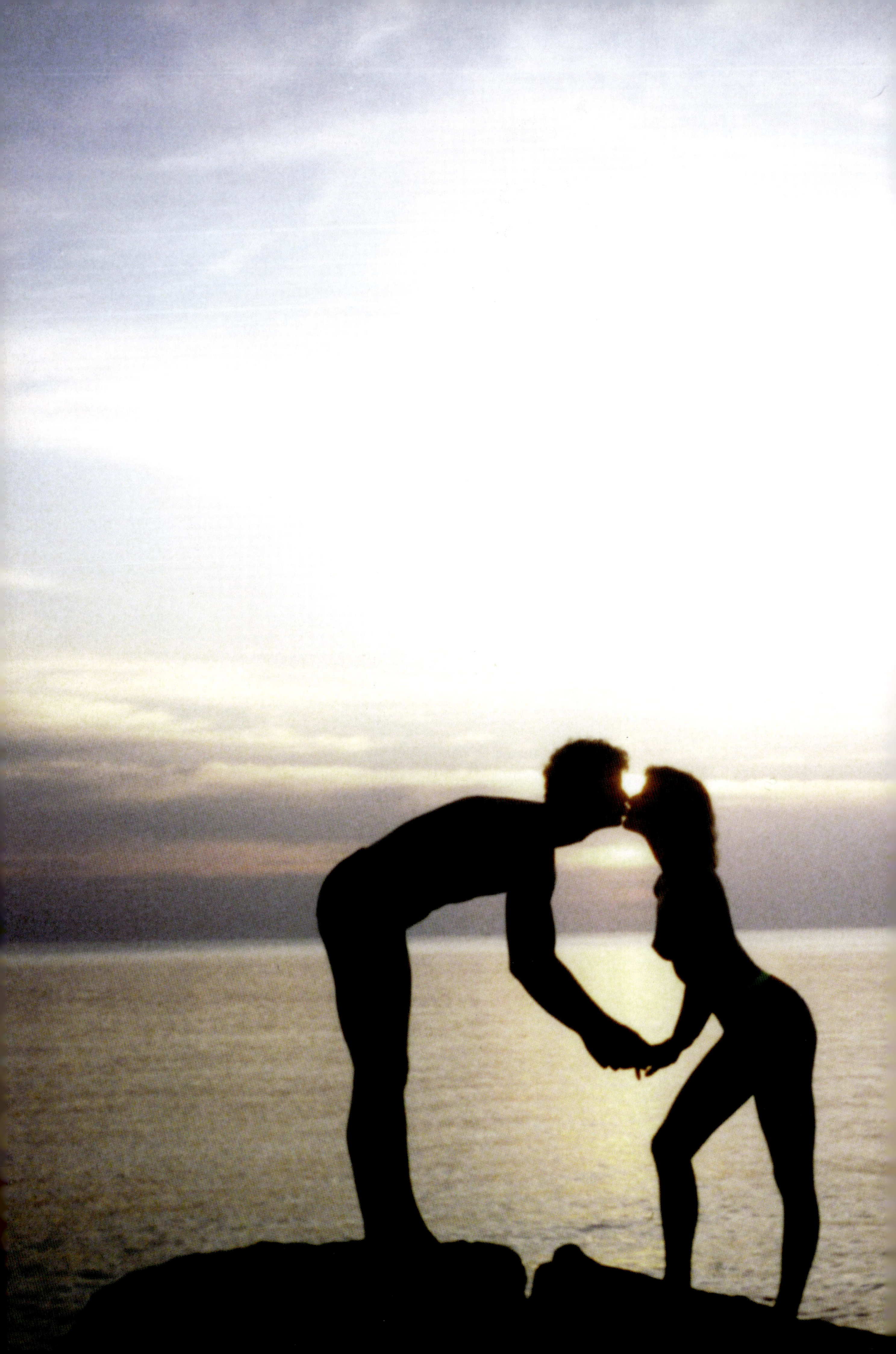

... und irgendwann bleib i dann durt ...

Otto, das Dock: Freundschaftliches Anlegen ist nur wenigen gestattet

Zur Ruhe kommen, das heißt auch, irgendwann nicht mehr überlegen und aufpassen zu müssen, mit wem man sich näher einläßt. Das ist ein Bereich, der bei Otto Konrad viel zu seinem Ruf als arroganter, unzugänglicher Geselle beiträgt, obwohl das gerade bei ihm, der sich wie kein zweiter aus der Salzburger Erfolgstruppe um die Fans gekümmert hat, absolut ungerecht(fertigt) ist. Aber es ist Resultat dessen, was Konrads vormaliger Betreuer Kurt Bittermann als „Rinde gegen den Neid" bezeichnet, was bei einem derartigen Ausmaß der Popularität als Schutzmantel und Vorsichtsmaßnahme unentbehrlich ist.

Wobei es bei der Abschottung nach außen zwei verschiedene Bereiche gibt. Den grundsätzlichen gegen die Schönwetter-Schulterklopfer, die bei einem Klimawechsel plötzlich nicht mehr klopfen, sondern zustechen. Und den speziellen, der eine andere Schutzfunktion erfüllt – die vor Schmerzen, wie sie Otto Konrad bei seiner einzigen wirklich intensiven Fußballerfreundschaft empfunden hat: der mit seinem Ex-Kollegen bei Sturm, Michael Gruber.

Der war in diesem Ausmaß der einzige, bei dem Konrad – wenn man so will – schwach wurde und gegen sein Prinzip verstieß, in einer Mannschaft keinen Freund zu haben. Und Gruber war dann auch der Anlaß dafür, daß der Tormann dieses Prinzip ab dieser Freundschaft ganz strikt befolgte: „Als der Michael von Sturm abgegeben wurde, habe ich gelitten. Mir hat das unheimlich weh getan, und ich habe mir geschworen: Das will ich nicht noch einmal erleben", sagt Konrad. Gruber wäre der Beweis gewesen, daß Zwischenmenschliches im Spitzensport Platz hat, Grubers Abschiebung zur Admira wurde stattdessen der Beweis, daß das System stärker ist – so die Interpretation Otto Konrads, dem das eine Lehre war.

Freundschaften, das ist für den Liebling so vieler Menschen überhaupt ein heikles Thema. Die einzige wirklich intensive und dauerhaft gepflegte, nämlich die zum Grazer Ehepaar Gerhard und Karin Preißler, funktioniert laut Konrad deswegen, „weil ich nicht immer schauen muß, wie es ihnen geht." Das klingt unglaublich egozentrisch und ist es vielleicht auch, aber es funktioniert dennoch. Vielleicht verändert sich auch dieser Bereich künftig ein wenig, aber bisher war es diesbezüglich bei Otto Konrad so, daß er Freundschaften mied, weil er sie – wenn er sie eingeht – auch entsprechend pflegen möchte. Und das erschien ihm bisher mit seinen vielen Belastungen und Verpflichtungen nicht gut möglich. Außer eben, wie bei den Preißlers, jemand akzeptiert diese Konstellation und kann gut damit leben: „Es gibt Tage, an denen sie mein Ego akzeptieren und großzügig darüber hinwegschauen, weil sie genau wissen, daß es zwei Leben gibt – eines, bei dem ich im Mittelpunkt stehe, und das zweite, in dem ich mich als Mensch Otto Konrad, nicht als Fußballer, mit allem was dazugehört, bewege. Und sie wissen, daß ich dieses zweite Leben suche, drängen mich aber nicht, es zu finden."

„Wenn Otto weiß, daß du loyal bist, kannst du von ihm haben, was du willst. Wenn man mit seinen Eigenheiten leben kann, kann man sich keinen besseren Freund wünschen", sagt Karin Preißler. Und ihr Ehemann ergänzt: „Als Otto die großen Erfolge hatte, passierte es einige Male, daß er zu Society-Terminen eingeladen wurde und er gesagt hat: Ich komme nur, wenn meine Freunde mitkommen können. Es war oft schon so, daß wir gesagt haben, er soll das lassen, wir müssen da nicht unbedingt mitkommen – aber er hat darauf bestanden, und er wäre auch zu einigen für ihn wirklich sehr wichtigen Terminen nicht gegangen, wenn es wegen uns ein Problem gegeben hätte."

Otto Konrad möchte auch eine Freundschaft perfekt gestalten, und dazu fehlt ihm in der Regel die Zeit. Aber auch er braucht Menschen für die schweren Stunden, und er weiß, was er dabei an Gerhard und Karin Preißler hat: „Es ist da etwas gewachsen, das unheimlich wertvoll ist, das man auch in der Familie nicht in dieser Form hat." Eine sehr tiefe, offene Freundschaft eben, wie sie für jeden etwas ganz Besonderes ist, für Otto Konrad aber besonders besonders, weil er sich diesbezüglich so rar macht. Aber das ist auch logisch bei einem, der im Erfolg mehr Freunde hat als Einwohner registriert sind und wenig später wieder allein dasteht.

Die meisten Menschen, die Fußball einfach konsumieren, können logischerweise nicht nachvollziehen, was das Dasein als Profi in so persönlichen Bereichen bestimmt. Unter dem Erwartungsdruck wechselt die Streicheleinheit mit der G'nackwatschen in der Geschwindigkeit, mit der der Ball ins Tor oder daneben flitzt. Zwischen Verherrlichung und Verteufelung liegen oft nur drei Tage. Wie soll da einer erkennen, wer es wirklich ernst mit ihm meint?

Im Fall von Otto Konrad ist es noch dazu, so, daß der – so hart er nach außen in seinem Job als Fußballspieler auch wirken und agieren mag – in Wahrheit ein sehr sensibler Bursche ist: „Von seiner Charakterstruktur her ist er gar nicht unbedingt ein so starker Mensch, wie es in manchen Situationen scheint. Er ist sich zwar seiner Stärken bewußt, aber im Innersten ein absoluter Gefühlsmensch", sagt Heribert Weber.

Otto und Freund Michi Gruber: Nach ihm nie wieder einer

Romina, die Konstante nach 15 Jahren Kurzlebigkeit: 50 Zentimeter Mensch als Erfahrungs-Meilenstein

Der muß es wissen, weil er Konrad – im Auftreten als Spieler – nicht unverwandt war. Und Weber machte seit seinem Karriere-Ende als Aktiver auch ganz entscheidende neue Erfahrungen. Wer ihn heute über seine Spieler sprechen hört, die er – vielleicht auch ein wenig als Kompensation für seine unangenehme Art als Kicker – „wie meine Kinder" behandelt, dem mag dieses Übermaß an Menschlichkeit, das da einen als knallharten Burschen bekannten Mann plötzlich erfaßt zu haben scheint, auf den ersten Blick suspekt vorkommen. Auf den zweiten hingegen verwundert es schon nicht mehr, denn Weber ist jetzt in anderer Form in einem System tätig, dem er über 20 Jahre lang als Bannerträger der absoluten und bedingungslosen Erfolgsorientierung vorangeschritten war.

„Ich habe als Spieler immer alles dem Erfolg untergeordnet, aber ich weiß heute, daß das nicht immer richtig ist, weil man damit Menschen verletzen kann", sagt der Mann, der mit seinem Maßstab nicht nur einmal Mitspieler, erwachsene Männer, als heulende Häufchen Elend hinterlassen hat. Heute muß Heribert Weber nicht nur in einer anderen, einfühlsameren Weise Chef einer Mannschaft sein, er kommt auch selbst gelegentlich unter die Räder des Systems, das er so bedingungslos und hart vertreten hat, und er erkennt, daß darin vieles nur auf den schnellen Erfolg und den oberflächlichen Glanz aufgebaut ist.

Das ist zwar nicht neu, aber es fällt einem erst richtig auf, wenn man aus persönlicher Betroffenheit darüber nachzudenken beginnt, wenn dieselbe Arbeit unter anderen Umständen in der Öffentlichkeit nichts mehr zählt. Für Weber war das der Fall, als er nach dem für alle überraschenden Meistertitel 1997 einen kapitalen Fehlstart in die neue Saison hinlegte und in die Kritik geriet. Für Konrad war das der Fall, als er vom Olymp heruntersteigen mußte und sich am Fuß des Berges plötzlich vom kritiklos gefeierten Star in eine angefeindete Reizfigur verwandelt sah.

Romina, der Kontrapunkt: Ein Kind lehrt, daß auch Schwächen durchaus liebenswert sein können

Natürlich ist das alles Teil des Geschäftes, und wer damit nicht leben kann, ist darin fehl am Platz. Aber so weit geht es ohnehin nicht. Es denkt nur der über 30jährige Familienvater ein bißchen öfter, ein bißchen anders und ein bißchen kritischer darüber nach als der 20jährige Draufgänger, der mit frischen Kräften und geballter Kampfeslust in die Arena eingelassen wird.

Für Otto Konrad war demnach auch die Erfahrung Kind besonders gravierend, weil er bis dahin auch in seinem privaten Umfeld Fehler und Schwächen kaum akzeptieren konnte – schon gar nicht eigene. Aber wer sich einem Kind aufmerksam zuwendet, lernt mit Fehlbarkeit umzugehen und kann sogar außerordentlich liebenswerte Züge darin finden. Und das ist gerade bei einem Menschen, der sich in seinem Beruf beständig gegen den Eindruck der Fehlbarkeit wehren und diesen tunlichst vermeiden muß, als Lebenserfahrung nicht zu verachten. Daß das nicht heißt, daß es Konrad künftig nicht mehr so ärgert, wenn er aus eigenem Verschulden ein Tor kassiert, ist wohl klar, und es ist auch nicht auf diesen Bereich seines Lebens bezogen. Aber vielleicht hilft es ihm, eine Barriere auf dem Weg zu zwischenmenschlichen Beziehungen niederzureißen, die sein Freund Gerhard Preißler wie folgt beschreibt: „Er ist ein Typ, der wenig einsichtig ist, der nicht versteht, wenn ein anderer versagt, weil er es ja schafft."

Das ist diese verflixte Geschichte mit dem eigenen Maßstab, der im Spitzensport so leistungsfördernd und im Menschlichen so zerstörerisch wirken kann. Zu Uli Stein, in manchen Ausprägungen Otto Konrad nicht unähnlich, sagte Ernst Happel beim Hamburger SV einmal: „Dein größtes Problem ist dein nicht zu bändigender Ehrgeiz und der Maßstab, mit dem du die anderen gnadenlos an dir selbst mißt. Hör auf damit, oder du zerbrichst daran." Es war dies auch ein Rat des gescheiten alten Mannes, der nicht unbedingt auf den Job zwischen den Pfosten bezogen war.

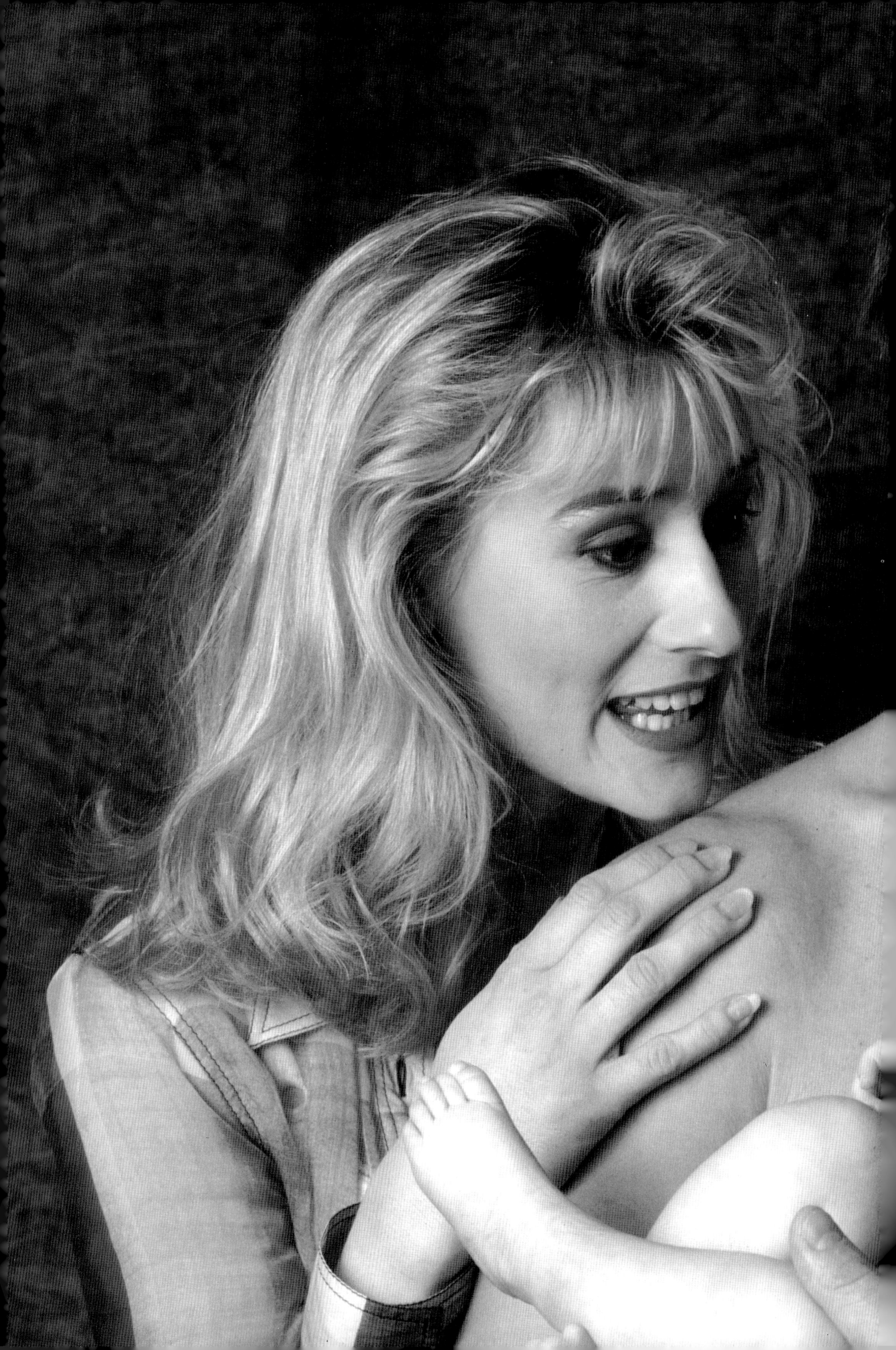

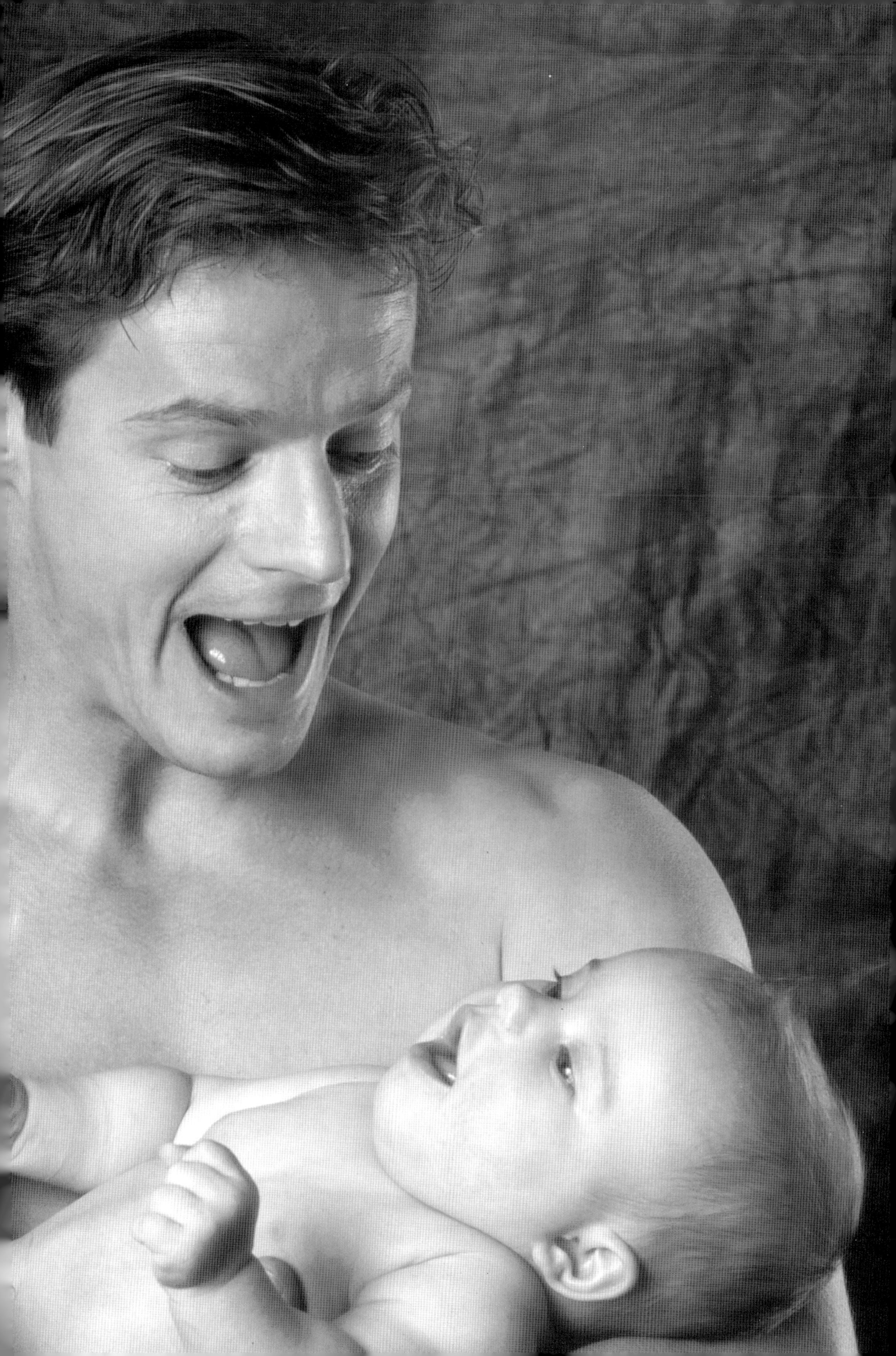

Wobei einer wie Weber, Stein oder eben auch Otto Konrad gewiß nicht aus der eigenen Haut herauskann, aber so waren sicher auch Happels Worte nicht gemeint. Irgendwann muß nur aus Gründen des Kräfteverschleißes in manchen Bereichen der Kompromiß die Kollision ablösen, damit man eben nicht zerbricht an Anforderungen, die nur in einer geschlossenen Gesellschaft funktionieren können und gefragt sind. Der Kräfteverschleiß machte sich nämlich auch bei Leithammel Konrad schon intensiv bemerkbar:

„Du brauchst Kraft, um dich selbst immer wieder auf deine neuen Aufgaben einzustellen, du brauchst Kraft, um intern bei Bedarf Druck zu machen, du brauchst wieder Kraft, um dem Gegendruck, der zwangsläufig kommt, zu begegnen – und wenn du dazu auch noch Popularitätspflege und andere Aufgaben bestmöglich erledigen sollst, bist du irgendwann leer." Otto Konrad war in Salzburg bereits leer, so sehr, daß es sich gesundheitlich auswirkte.

Spanien, und das bestätigt auch seine Ehefrau Manuela, war diesbezüglich sehr wichtig, weil sich der Tätigkeitsbereich wieder auf die ursprüngliche Arbeit als Fußballer beschränkte, die Energie nach langer Zeit wieder einmal ungeteilt fließen konnte – und die Popularität erst in den Kinderschuhen steckte: „Es war einfach nur toll, endlich einmal einkaufen gehen oder einen Kaffee trinken zu können, ohne daß einem jemand ein Gespräch aufdrängt oder ein Autogramm will. Ich habe gemerkt, wie gut das auch Otto getan hat." Ganz banal scheint es einfach so zu sein, daß auch Kraftwerk Konrad wie jeder andere Mensch, der die Mitte der Dreißiger anpeilt, langsam beginnen muß, mit seinen Kräften hauszuhalten.

Daß er nach wie vor vieles anpackt – und beim meisten davon überzeugt ist, daß das außer ihm niemand in dieser Form bewältigen kann – ist logisch. Aber, und dieser Eindruck entstand während der langen Gespräche in Spanien, Konrad macht das nicht mehr mit der Verbissenheit und dem tierischen Ernst wie bisher. Er bringt es bisweilen sogar schon fertig, in manchen Situationen über sich selbst und seine Eigenheiten zu lachen, und das ist bei einem Menschen, dem die Fähigkeit zur Selbstironie bisher gänzlich vorenthalten geblieben war, ein mächtiger Schritt in Richtung Lebensqualität.

Jubel-Otto: Nicht nachdenken, sondern handeln

Ruhe-Otto: Über manches nachdenken, einiges genießen lernen – und trotzdem weiterhin aktiv bleiben

Eigenheiten hat er genug, das weiß nicht nur Walter Schachner, der – mit Otto Konrad vor einem Spiel mit Sturm im selben Hotelzimmer – abends noch die Gazzetta lesen wollte. Konrad wollte aber schlafen, und nachdem Schachner keine Anstalten machte, seine Zeitung wegzulegen und das Licht abzudrehen, schraubte Otto kurzerhand die Glühbirne aus der Zimmerlampe und versteckte diese.

Oder Konrads Widerwillen, sich mit jenen Dingen zu befassen, die ihm als Herausforderung zu minder und deshalb nicht in seinen Zuständigkeitsbereich fallend erscheinen. Als er mit dem passionierten Schwammerlsucher Schachner einmal die obersteirischen Wälder durchkämmte, mußte der lauthals lachen: „Ich hatte mein Körberl voll mit schön geputzten Pilzen, und als ich beim Otto hineinschaute, sah ich, daß der den halben Wald mit ausgerissen hat." Ausreißen, das ließ sich der Mann der schnellen Resultate noch gefallen, aber diese Dinger auch noch zu putzen – da war Schluß.

Wenn ihm aber an Dingen etwas liegt, kann er von nahezu nervenaufreibender Gründlichkeit und Pedanterie sein: So nahm er in Spanien von Auswärtsspielen immer ein Stück Rasen mit und setzte den daheim in Saragossa auf der Terrasse ein – Valencia, Madrid Bernabeu, La Coruna und Sevilla grünten da friedlich vor sich hin, täglich gepflegt von Otto. Und wie.

„Jetzt reicht's aber", beschwerte sich Ehefrau Manuela eines Tages: „Unten im Vorhaus geht die Palme ein, und du stehst heroben, frisierst deinen blöden Rasen mit meinem besten Kamm und schneidest ihn mit meiner Nagelschere." Eine Pflege, die sich allerdings lohnte, denn drei der vier grünen Erinnerungsstücke überstanden inzwischen den Heimtransport nach Österreich und gedeihen bereits im Garten des Konradschen Hauses am Stadtrand von Graz. Nur Sevilla nützte weder die tägliche Pflege mit dem schönen Kamm, noch die liebevolle Rundumbetreuung durch Otto den Gärtner. Sevilla ging irgendwann im Juni einfach ex.

Otto & Familie: Es liegt ihm mehr an ihr, als er zeigen kann

Otto Konrad ist, wenn er jemandem diesen Blick einmal gestattet, als lieber, reizender Mensch zu erkennen. Er kann einem mit seinen Marotten und seiner Besserwisserei manchmal schwer auf die Nerven gehen, aber er ist grundsätzlich ein hundertprozentig verläßlicher, ehrlicher und geradliniger Mensch, der zwar auch im privaten Umgang mit seiner frontalen Art manchmal schockieren kann, aber wenn man ihn gut kennt, kann man ihn gut mögen.

Und er ist ein sehr ernsthafter Mensch, der sich über seinen Strafraum hinaus Gedanken macht und auch im Stillen aktiv wird, wenn keine Kameras surren oder Fotoapparate klicken. Sein Engagement für Behinderte war zum Beispiel schon sehr stark ausgeprägt, lange bevor er seine Bandagistenbetriebe erwarb und dadurch in Folge von Mitbewerbern bezichtigt wurde, sich nur des geschäftlichen Erfolges wegen zu engagieren: „Ich habe nach der Arbeit daheim immer viel von den Menschen erzählt, die zu uns ins Geschäft gekommen sind", erzählt Konrads Vater: „Und Otto war schon als Bub tief und aufrichtig berührt von den Schicksalen. Er ist als junger Bursch auch schon ohne jede Berührungsangst auf jedes Kind im Rollstuhl zugegangen, und er hat auch als Sturm-Spieler – ohne, daß ihn Medienleute dabei begleitet hätten – zu jedem diesbezüglichen Anliegen immer sofort Ja gesagt."

„Ich versuche mit diesem Engagement, einfach ein wenig von dem zurückzugeben, was mir das Leben manchmal im Übermaß geschenkt hat", erklärt Otto Konrad selbst seine Aktivitäten zugunsten behinderter Mitmenschen: „Es hilft mir auch, bei sportlichen Tiefschlägen sofort zu relativieren. Mein Pendel schlägt im Erfolg und im Mißerfolg nie zu weit aus, weil ich mir die Situation dieser Menschen oft vor Augen führe."

Wenn man sich Otto Konrad genauer anschaut – was er einen aber erst tun lassen muß –, so bleibt vom Eindruck des publicitygeilen, oberflächlichen und arrgoganten Fußball-Yuppies nicht viel übrig. Dieser Mann hat auch Tiefgang, aber das behält er in sehr vielen Bereichen für sich. Weil er der Meinung ist, daß das Dinge sind, die keinen etwas angehen. Ebenso wie sein Privatleben, das er – abgesehen von für ihn wichtigen gemeinsamen Auftritten – aus seinem Geschäft tunlichst heraushält. Das ist eben der nicht öffentliche Teil des gläsernen Menschen Otto Konrad, den er auch nicht zu sehr ausgeleuchtet haben will.

Er ist jedenfalls auch in diesem Bereich der Boß – nicht nur, weil ein Gutteil seiner Familie in die Firma integriert ist und damit, wenn man so will, Ottos Kommando untersteht. Es laufen auch die meisten Probleme bei ihm zusammen, auch in Saragossa: „Wenn irgendwo etwas passiert oder nicht so läuft, dann läutet das Telefon bei Otto, weil alle sich von ihm die Lösung erwarten", weiß Ehefrau Manuela, die wohl tief genug in ihren Mann hineinschauen kann, um zu beurteilen: „Ihm liegt an seiner Familie viel mehr als er manchmal zeigen kann. Es macht einen auch ein wenig hart, wenn man in so vielen Lebensbereichen der sein soll, der die Entscheidungen trifft und die Probleme löst – und deshalb kann Otto vielleicht manchmal nicht so viel Herzlichkeit rüberbringen, wie in Wahrheit in ihm ist."

Otto Konrad ist ein beeindruckender Sportler und ein ebensolcher Mensch – mit vielen Eigenschaften, die ihn im Sport an die Spitze gebracht haben, ihm das ganz normale Menschenleben aber nicht immer erleichtern. Er ist ein Zerrissener zwischen brennendem Ehrgeiz und Sehnsucht nach Ruhe, dem Drang ins Licht und dem Wunsch nach heruntergelassenen Jalousien. Was ihn so auszeichnet, wird von außen als Professionalität, hundertprozentige Einstellung, Siegermentalität bezeichnet.

Es ist für das eigene Leben, für den Bereich, in dem man es sich so gerne gemütlich macht, manchmal eine Bürde, so zu sein. Bei Otto Konrad ist bisher alles sehr schnell und fast alles nach Wunsch gelaufen, aber er merkt, daß er ein wenig vom Gas muß, um bei seinem Erfolgs-Grand-Prix durchs Leben nicht auch noch sich selbst zu überholen. Seine Glanzlichter, die er dem Fußball aufgesetzt hat, seine berufliche Laufbahn – all das verdient höchsten Respekt. Die bisher größte Leistung des Menschen Otto Konrad ist aber wohl die, daß er darüber nicht verrückt geworden ist und genauer denn je weiß, was er wirklich will.

Otto & Judith Wiesner: Jahrelanges Engagement für Behinderte jenseits geschäftlicher Interessen

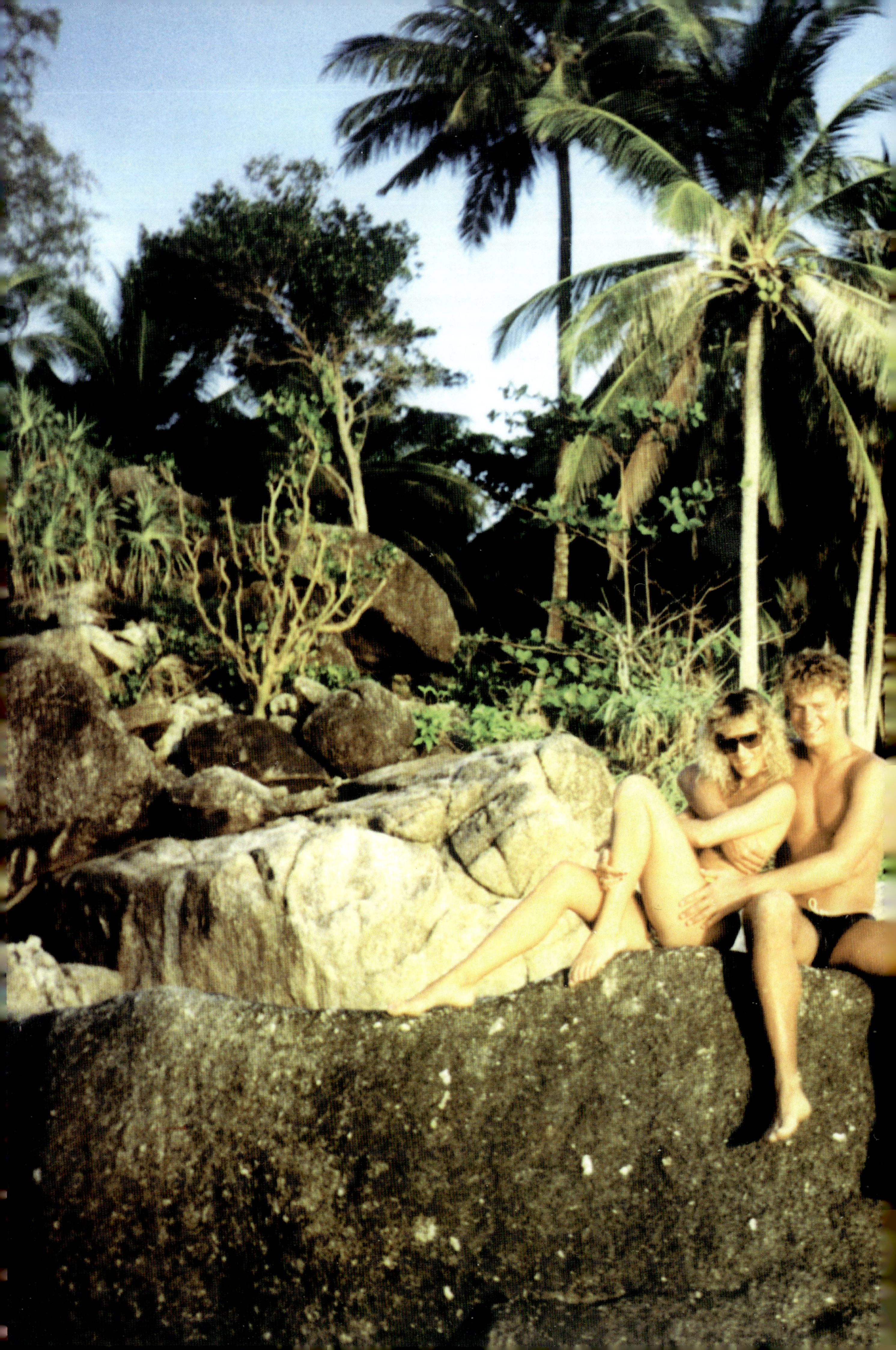

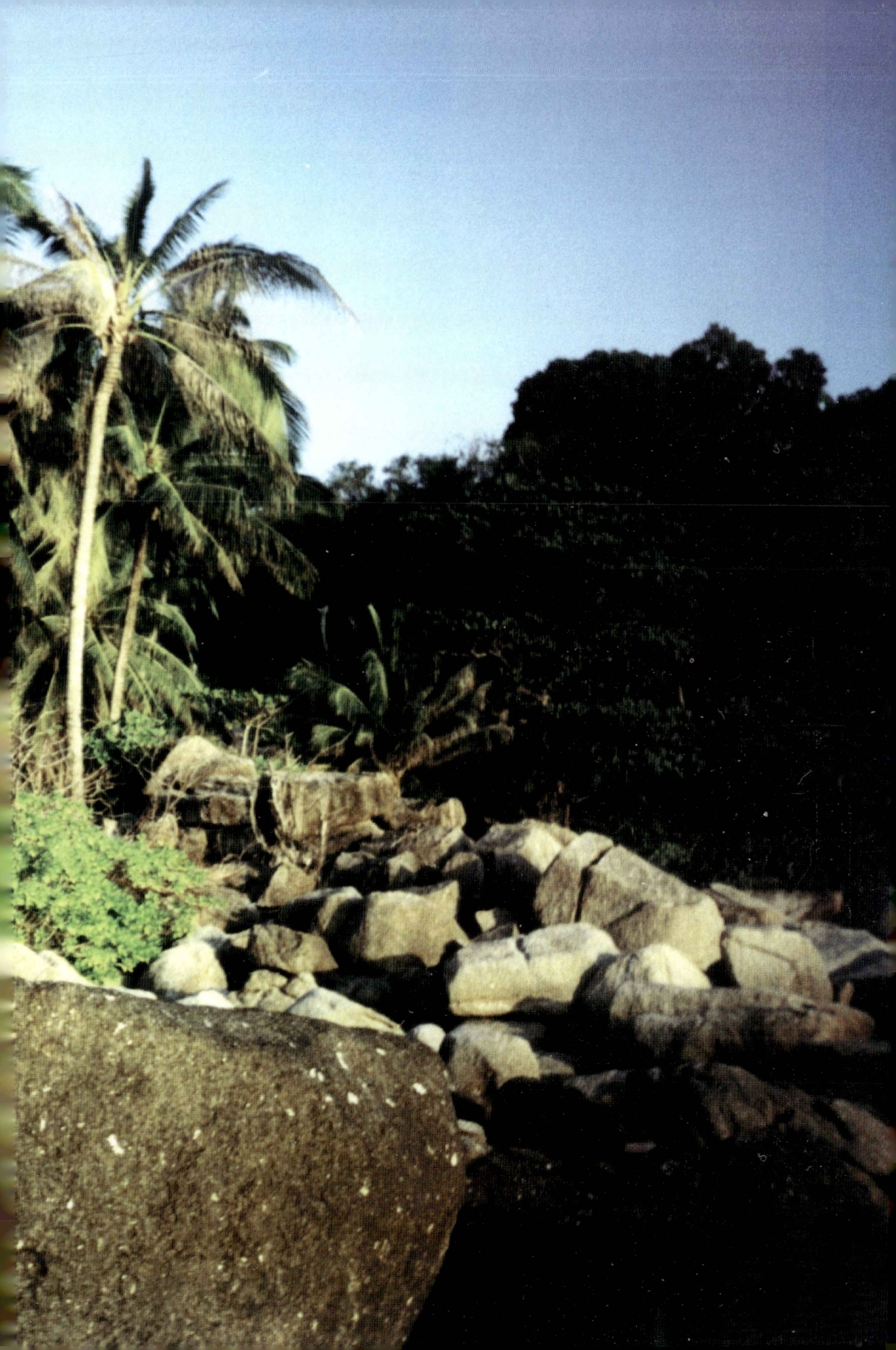

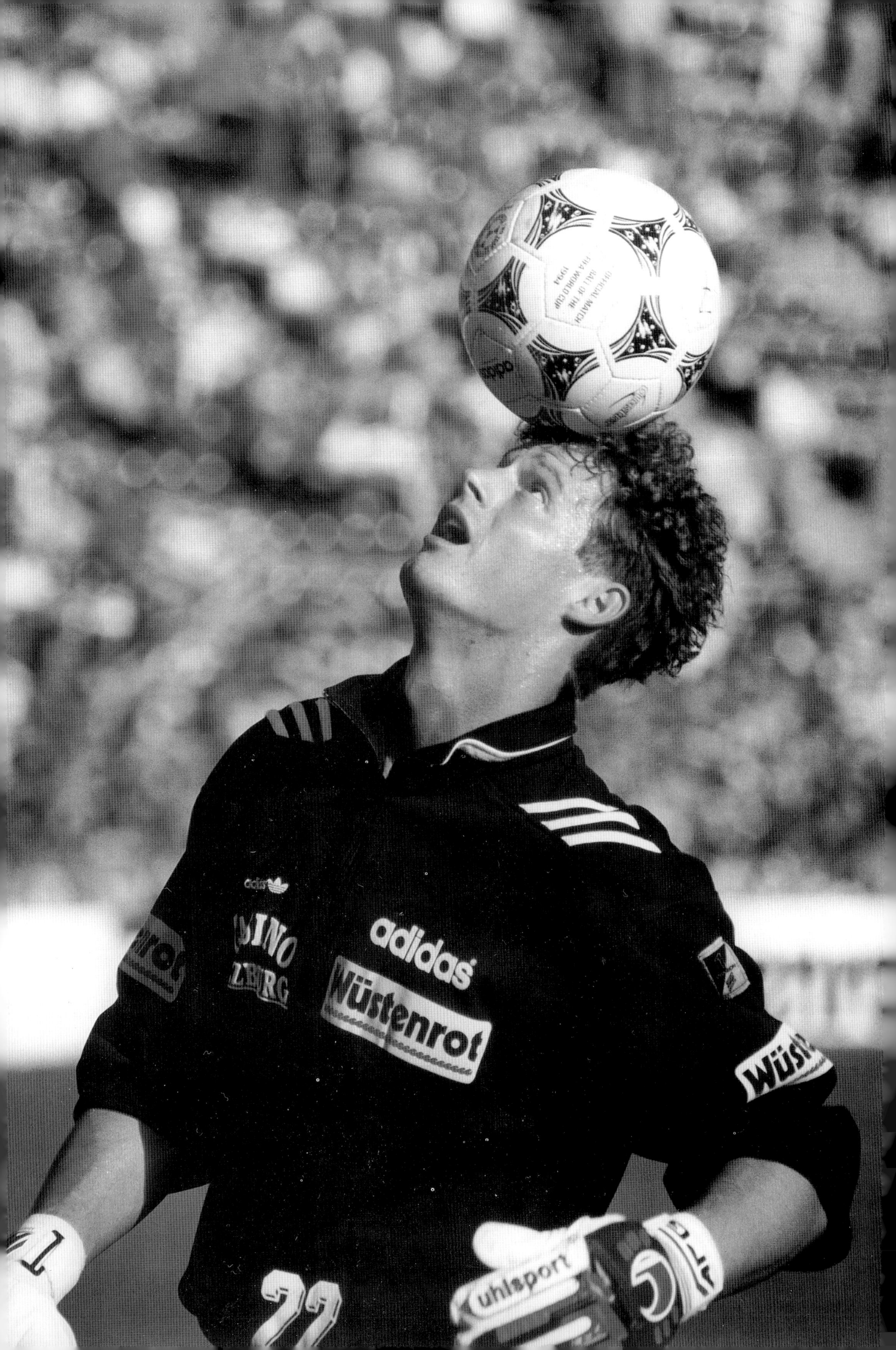
adidas
Wüstenrot
uhlsport

NACHWORT

Otto & der Autor: Dieses Interview Ende 1994 war einer der Anlässe, um das Buch in Angriff zu nehmen

Eine Biographie ist wohl dann gelungen, wenn sich aus den unzähligen Teilchen, die man zusammenträgt, ein Bild ergibt, in dem der beschriebene Mensch zu erkennen ist – für sich und für die, die ihn vorher schon gekannt haben. Otto Konrad hat dieses Buch erst gesehen, nachdem es fertig war, hat keine Zeile vorher gelesen und demnach auch nichts verändert. Ich weiß diesen Vertrauensbeweis zu schätzen, zumal ich mir während der ein Jahr dauernden Arbeit mehrmals vorzustellen versucht habe, wie ich damit umgehen würde, wenn jemand in meinem Leben zu stöbern begänne und dabei unwillkürlich auch auf Dinge stieße, die ich lieber nur bei mir hätte.

Ich habe versucht, Konrads Vertrauen so zu rechtfertigen, indem ich einerseits den Respekt vor seinen höchstpersönlichen Lebensbereichen über die Informationsgeilheit gestellt, aber andererseits die Kooperationsbereitschaft und den Vertrauensvorschuß nicht als Bestechungsversuche zur Schönfärberei interpretiert habe. Manche Kapitel waren ein Leichtes, bei einigen wurde die Arbeit sehr schwierig, weil Otto zugeknöpft blieb. Ich habe dennoch versucht, mit Interpretationen sehr sparsam umzugehen, wenn ich sie nicht mit Fakten und eindeutigen Eindrücken untermauern konnte.

Eine Arbeit ist dann gelungen, wenn man in und an ihr wieder etwas dazugelernt hat. So gesehen war sie in diesem Fall aus Sicht des Autors die Mühe wert. Die Arbeit an diesem Buch hat einerseits fachspezifischen Zugewinn bedeutet, aber auch sehr grundsätzlichen, indem sie deutlich gemacht hat, daß sich auch in einer immer schneller werdenden Zeit das Innehalten und genaue Hinschauen noch lohnt. Man könnte sagen, daß die vom Tagesgebrauch etwas mitgenommenen Sinne wieder einmal beim Service waren, wo sie für diesen wieder geschärft wurden.

Ein Nachwort ist erst dann komplett, wenn man sich bei denen bedankt hat, die es verdienen. Das waren in dem Fall Susanne Müller, die mir mit ihrer umfangreichen Mediendokumentation über Otto Konrad viel Zusatzarbeit erspart hat; Trixi Koll, die sich für mich auf literarische Spurensuche begeben hat; Maria Mackinger und Peter Moizi, die an den Fanfronten recherchiert haben, sowie Thomas „Puppi" Schrems, der sich als Lektor zur Verfügung gestellt und damit für einen jungen Menschen einiges geleistet hat.

Das war vor allem aber mein emsiger Produktionspartner und Freund Markus „Faxi" Fagerer, der mich in unseren langen Arbeitsnächten mit seiner Perfektion am Computer immer wieder verblüffen konnte, so manche blendende Layout-Idee einbrachte, jedes noch so hartnäckig aussehende technische Problem mit noch größerer Hartnäckigkeit löste, mir vor allem aber trotz wochenlanger Zusammenarbeit auf engstem Raum wieder keinen Anlaß bot, mit ihm zumindest ein bißchen streiten zu können.

Bedanken will ich mich auch bei meiner Ehefrau Herta, die nicht nur organisatorisch und buchhalterisch den Laden in unserem kreativen Chaos geschupft, sondern die vor allem meinen Traum vom eigenen Buch mitgeträumt und nicht als zusätzlichen Freizeiträuber bekämpft hat. Daß sie auch mit großer Geduld unserem Sohn Daniel immer wieder erklären konnte, warum der Papa wochenlang nach der normalen Arbeit „immer weiter und immer weiter" arbeiten mußte, war auch keine kleine Leistung.

„Faxi" Fagerer (mit Niki Jurcevic), Fußballfan und Mac-Genie

Zu dem von mir beschriebenen Otto Konrad möchte ich noch ein paar persönliche Abschlußbemerkungen anbringen. Ohne seine großartigen sportlichen Leistungen hätte es dieses Buch nie gegeben, das ist klar. Die nahezu einjährige Arbeit daran fiel jedoch in eine Zeit, in der der Lack ab war, und ich bin heilfroh darüber, weil ich mir zwar nicht anmaße zu behaupten, ich hätte den Menschen in ein paar Gesprächswochen wirklich kennengelernt. Aber es taten sich mir für die Arbeit zu diesem Buch durch das Faktum, daß Konrad vom Podest herunten war, wieder ein bißchen weniger Idol sein mußte und ein bißchen mehr Mensch sein durfte, einige Fenster in sein Inneres auf, die ansonsten wohl verschlossen geblieben wären. Einige dieser Fenster öffneten mir auch meine vielen Gesprächspartner, die überwiegend sehr offen und konstruktiv mithalfen, das Bild des Beschriebenen kompletter zu gestalten.

Ich hatte es mir leichter vorgestellt, einen Menschen zu beschreiben, und es bleiben bei so einer Arbeit in mir immer Zweifel zurück, weil ich als Korrektiv gegen allzu flotten Schreibgalopp immer wieder die Vorstellung aufrufe: Stell dir vor, es schreibt jemand über dein Leben ein Buch. Ich hatte Gott sei Dank einen Fertigstellungstermin, denn sonst würde ich wohl noch immer über Formulierungen brüten.

Mir bleibt die Hoffnung, daß dieses Buch den Interessierten genug bietet, vor allem aber auch, daß der Beschriebene das Gefühl hat, ich war mir beim Werken meiner Verantwortung bewußt.

LITERATURNACHWEIS

BAUMANN, Sigurd:
Psychologie im Sport. Meyer & Meyer Verlag, Aachen 1993.

CRAMER, Dettmar/JACKSCHATH, Birgit:
Fußballpsychologie. Meyer & Meyer Verlag, Aachen 1995.

EGGER, Anton/KAISER, Kurt:
Österreichische Fußball-Bundesliga von A-Z. Verlag Anton Egger, Wasendorf 1995.

EISENBERG, Christiane (Hrsg.):
Fußball, soccer, calcio. Ein englischer Sport auf seinem Weg um die Welt. dtv, München 1997.

FRENZ, Achim/SANDMANN, Andreas (Hrsg.):
Satanische Fersen. Agon Sportverlag, Kassel 1994.

HACK, Fritz:
Torhüter des Jahrhunderts. Limpert Verlag, Bad Homburg 1979.

HANDKE, Peter:
Die Angst des Tormanns beim Elfmeter. Suhrkamp, Frankfurt/Main 1970.

HILDEBRAND, Dieter:
... über die Bundesliga. Die verkaufte Haut. Ullstein, Frankfurt/Main, Berlin, Wien 1981.

HUBA, Karl-Heinz (Hrsg.):
Fußball-Weltgeschichte. Copress Verlag, München 1994.

KRAWAGNA, Hannes:
Tor um Tor. Casino Salzburg Jahrbuch 1992/93. Eigenverlag, Salzburg 1993.

KRAWAGNA, Hannes/GRAN, Wolfgang Maria:
Tor um Tor. Casino Salzburgs Weg ins UEFA-Cup-Finale und in die Champions League. Eigenverlag, Salzburg 1994.

MAIER, Sepp/PFAFF, Jean-Marie:
Das Torwartbuch. Hoffmann und Campe, Hamburg 1984.

MRAZEK, Karlheinz:
Die besten Torhüter der Welt. Copress Verlag, München 1996.

MUSTER, Thomas:
Aufschlag. Mein Leben, mein Erfolg. Edition Tau, Bad Sauerbrunn 1995.

SCHUMACHER, Toni:
Anpfiff. Enthüllungen über den deutschen Fußball. Droemersche Verlagsanstalt Th. Knaur Nachf., München 1987.

SCHÜMER, Dirk:
Gott ist rund. Die Kultur des Fußballs. Berlin Verlag, Berlin 1996.

SKOCEK, Johann/WEISGRAM, Wolfgang:
Wunderteam Österreich. Scheiberln, wedeln, glücklich sein. Verlag Orac im Verlag Kremayr & Scheriau, Wien 1996.

STEIN, Uli mit HERRMANN, Broka:
Halbzeit. Eine Bilanz ohne Deckung. Verlag Georg Simader, Frankfurt 1993.

WINKLER, Joachim/WEIS, Kurt (Hrsg.):
Soziologie des Sports. Westdeutscher Verlag, Opladen 1995.

Bildquellen-Nachweise:

(in Klammer die jeweiligen Seiten)

Harald BRODNIG (48), Foto FISCHER (124), Bildagentur GEPA (34/35, 89, 97, 98), Gerhard GRADWOHL (19, 22, 24, 90, 96, 112/113), Wolfgang M. GRAN (49, 73, 74, 75, 140, 143, 154), Reinhard JUDT (20), Fotostudio Stephan KAINDL-HÖNIG (44, 104), Wolfgang KIRCHNER (33, 100), Chris KOLLER (108), Privatarchiv Margit und Otto KONRAD, Daniel KRUG (46, 57, 70), Konrad LAGGER (114, 136, 142), Manfred LAUX (34), David LEAH/Allsport/Contrast (9), Fritz LEITNER (15, 109, 137), Joachim „Jock" MAISLINGER (Titelbild, 5, 31, 32, 36, 38, 39, 41, 42, 43, 46, 50, 51, 58, 60, 64, 66, 67, 68, 69, 71, 89, 106, 107, 117, 118, 126, 127,128, 130, 146, 153), Christian MROZOWSKI (94), Archiv NEUE KRONEN ZEITUNG (21, 27, 87, 88), Claudia OSWALD (16, 17), Josef PAIL (18, 23, 25, 86, 95, 120, 121, 132, 133), PERIODICO DE ARAGON (79, 82, 83), Mag. Horst PLANKENAUER (28, 46, 47, 84/85, 92, 93, 103, 111), Jürgen RADSPIELER (28), RENNBAHN-EXPRESS (110, 116, 122), SALZBURGER TENNISCLUB (149), Willi SCHRAML (125), Sven SIMON (6), Fotoagentur SÜNDHOFER (7, 10, 26), Calle TÖRNSTRÖM (52), Hermann WAKOLBINGER (Umschlag-Rückseite, 59, 72), Hans WALCHSHOFER (129), Thomas WINKLHOFER (63), Roman ZACH-KIESLING/NEWS (144/145).

Für ihre Bereitschaft, mir in ausführlichen Gesprächen den Blick
auf Otto Konrad schärfen zu helfen, danke ich:

Otto BARIC, Kurt BITTERMANN, Dietmar CONSTANTINI, Luis COSTA, Gernot FRAYDL, Christian FÜRSTALLER, Kurt GARGER, Michael GRUBER, Helene und Reinhold HERZOG, Josef HICKERSBERGER, Adolf HÜTTER, Herbert ILSANKER, Nikola JURCEVIC, Marinko KOLJANIN, Friedl KONCILIA, Manuela KONRAD, Margit KONRAD, Otto KONRAD sen., Michael KONSEL, Leo LAINER, Klaus LINDENBERGER, Walter LUDESCHER, Alfred LUDWIG, Andreas OGRIS, Michael PAAL, Heinz PALME, Heimo PFEIFENBERGER, Anton PICHLER, Gerhard und Karin PREISSLER, Herbert PROHASKA, Christian PROSENIK, Rudolf QUEHENBERGER, Egon REJC, Herbert RETTENSTEINER, Alfred RIEDL, Walter SARIA, Walter SCHACHNER, Rudolf SCHAUSS, Wilfried SILLI, August STAREK, Hermann STESSL, Peter STÖGER, Jerónimo SUAREZ OCHOA, Heinz THONHOFER, Heribert WEBER, Gerald WILLFURTH, Thomas WINKLHOFER, Franz WOHLFAHRT.

PERSONENREGISTER

AIGNER, Franz: 21, 45, 53, 65, 66
AMERHAUSER, Martin: 38, 41, 42, 53
ARTNER, Martin: 73
ARTNER, Peter: 8, 37, 53, 63, 69, 103, 105 ff

BAKOTA, Bozo: 18
BALAKOV, Krassimir: 40
BARESI, Franco: 69
BARIC, Otto: 9, 24, 25, 31 ff, 43 ff, 62 ff, 103, 105, 107, 124, 128
BARTHOLD, Peter: 25
BAUMANN, Sigurd: 92
BAUMGARTNER, Hubert: 6, 73, 74, 75
BIERHOFF, Oliver: 37
BINZ, Manfred: 46, 47
BIRTLES, Gary: 17
BITTERMANN, Kurt: 126, 127
BLAZEVIC, Miroslav: 15
BLUTSCH, Adolf: 20
BOMMER, Rudi: 45
BRANKOVIC, Slobodan: 29
BURGENER, Erich: 15
BURGSTALLER, Peter: 32

CAMPOS, Jorge: 7
CAPELLO, Fabio: 54, 55
CARBAJAL, Antonio: 7
CHILAVERT, José Luis: 7, 8, 9
CONSTANTINI, Dietmar: 88
COORDES, Egon: 99
COSTA, Luis: 76, 77, 83
COSTINHA: 41, 42
CRAMER, Dettmar: 62, 97
CRUYFF, Johan: 52

DASSAJEW, Rinat: 23
DESAILLY, Marcel: 51

DINA, Pavol: 39
DONZE, Jean-Claude: 24

EGGER, Hugo: 26
EKMECIC, Savo: 7
ELSNER, Branko: 84
ERIKSEN, John: 23
ESPÁRRAGO, Victor: 76, 82

FAHRIAN, Wolfgang: 14
FEIERSINGER, Wolfgang: 8, 39, 44, 45, 48, 53, 60 ff, 109, 123
FEURER, Herbert: 93, 94
FIGO, Luis: 40
FLICK, Christian: 73
FRAYDL, Gernot: 16, 23
FUCHSBICHLER, Erwin: 21
FÜRSTALLER, Christian: 6, 9, 47, 53, 65, 70, 93, 102, 109, 115, 128

GARGER, Kurt: 37, 53, 63, 70, 88, 102, 103, 106
GAUDINO, Maurizio: 46
GEGENHUBER, Hans: 72
GLIEDER, Eduard: 72
GORACINOV, Bobby: 27
GROSSENBACHER, Fredy: 23
GRUBER, Michael: 140
GSCHNAIDTNER, Harald: 57
GULLIT, Ruud: 54

HAAS, Anton: 105
HAESAERT, Urbain: 39
HAPPEL, Ernst: 8, 107, 127
HELLSTRÖM, Ronnie: 14
HENNES, Wilhelm: 56
HERBERGER, Sepp: 125
HERZOG, Andreas: 7, 8, 99

HERZOG, Helene: 12, 14, 132
HICKERSBERGER, Josef: 84 ff
HIDEN, Rudi: 8, 23
HIGUITA, René: 7
HILDEBRANDT, Dieter: 120
HRSTIC, Peter: 36, 37
HÜTTER, Adolf: 40, 41, 45, 47, 53, 66, 70, 71, 120, 127

ILSANKER, Herbert: 31 ff, 40
IVKOVIC, Tomislav: 40

JACKSCHATH, Birgit: 62
JANCULA, Tibor: 66
JASCHIN, Lew: 7
JURCEVIC, Nikola: 37, 39, 47, 52, 53, 65, 67, 69, 103, 106, 108, 124
JURTIN, Gernot: 19

KAHN, Oliver: 7, 8, 49, 92
KARTNIG, Hannes: 25
KEGLEVITS, Christian: 37
KIBLER, Artur: 25
KLESTIL, Thomas: 48
KNALLER, Wolfgang: 88, 95
KOCIJAN, Tomislav: 57
KOGLER, Walter: 25, 32
KOLJANIN, Marinko: 34, 40, 48, 106, 108
KONCILIA, Friedl: 8, 35, 88
KONRAD, Manuela: 30, 73, 86, 130, 132 ff
KONRAD, Margit: 11, 12, 119, 132 ff
KONRAD, Otto sen.: 11, 12, 33, 123, 126, 132 ff
KONRAD, Romina: 131 ff
KONSEL, Michael: 8, 84 ff
KOSCHAK, Günther: 27
KÖPKE, Andreas: 92
KOVACIC, Slavko: 18, 103
KRANKL, Hans: 31, 85
KÜHBAUER, Dietmar: 99

KUHN, Michael: 23, 37, 85
KURBASA, Srecko: 31

LAINER, Leo: 37, 40, 41, 47, 49, 53, 67, 88, 107
LEHNHOFF, Hans Peter: 39
LEITGEB, Ronald: 94
LINDENBERGER, Klaus: 84 ff
LUDESCHER, Walter: 19 ff, 24, 34, 97, 123
LUDWIG, Alfred: 95

MAIER, Sepp: 6, 8
MARKO, Rupert: 37
MARKOVIC, Ivan: 18
MARQUINHO: 53
MATTHÄUS, Lothar: 121
MAUHART, Beppo: 37, 100
MIKSCHA, Franz: 19
MILLA, Roger: 7, 27
MLADENOVIC, Mladen: 8, 106 ff
MORIENTES, Fernando: 79, 82
MÖRTH, Ernst: 36
MUSTER, Thomas: 71, 94
MUZEK, Damir: 53

NUSSBAUMER, Heinz: 49

OGRIS, Andreas: 99 ff, 110
OGRIS, Ernst: 25
OLIWEIRA, Amilton: 27
OLK, Werner: 26

PAAL, Michael: 20, 21, 22, 29, 102
PAGLIUCA, Gianluca: 57
PALME, Heinz: 88
PAUL, Alois: 18, 23, 25
PFAFF, Jean-Marie: 6, 39
PFEIFENBERGER, Heimo: 32, 37, 38, 41 ff, 53, 60 ff, 105, 109, 123
PFLUG, Robert: 16, 18, 29

PICHLER, Andi: 19, 20
PICHLER, Anton: 131
POLSTER, Anton: 95, 99, 101
POTOFSKY, Uli: 46
PREISSLER, Karin und Gerhard: 140 f
PROHASKA, Herbert: 84 ff
PROSENIK, Christian: 66

QUEHENBERGER, Rudolf: 31 ff, 43 ff, 51, 52, 62, 72, 85, 101, 103, 128

RACUNICA, Dean: 66
RADENKOVIC, Petar: 8, 16
RAMPITSCH, Harald: 17
REISINGER, Andreas: 37
REJC, Egon: 28
RETTENSTEINER, Herbert: 95
RIEDL, Alfred: 88, 97
ROBSON, Brian: 40, 42
RODAX, Gerhard: 86
ROMARIO: 52
RONALDO: 76, 79
ROSENEGGER, Manfred: 76, 79
ROTHHAAR, Bernd: 54
RUMMENIGGE, Karlheinz: 23

SABITZER, Herfried: 28, 37, 39
SARIA, Walter: 16, 17, 18, 19, 20, 21, 22, 23, 126
SCHACHNER, Walter: 28, 147
SCHÄFER, Winfried: 49
SCHAUPP, Harald: 26
SCHAUSS, Rudolf: 124
SCHOBER, Franz: 17
SCHUMACHER, Harald: 21
SCHÜMER, Dirk: 50, 117, 119, 121
SENECA, Kjeld: 26
SILLI, Wilfried: 10, 22, 29, 123, 125
SIRCH, Peter: 35
SOLANS, Alfonso: 73 ff

SOUSA, Paolo: 40
STADLER, Hermann: 38, 53
STAREK, August: 24, 25, 26, 29, 87, 102, 121, 124
STASTNY, Leopold: 19
STEIN, Uli: 9, 13, 14, 46, 105, 117, 126, 127, 143
STEINER, Manfred: 24
STESSL, Hermann: 18, 62, 68, 108
STINCIC, Zelimir: 18
STÖGER, Peter: 8, 99
STUMPF, Christian: 57
SUAREZ OCHOA, Jerónimo: 77 ff
SUNDELL, Leif: 55, 56

TEMMEL, Karl: 29, 32
THONHOFER, Heinz: 25, 26, 29, 88, 102
TROST, Arthur: 54, 55
TSCHERBAKOW: 40, 42

VAN BREUKELEN, Hans: 17, 23
VAUTROT, Michel: 56
VIKTOR, Ivo: 15
VOGTS, Berti: 92
VRANITZKY, Franz: 100, 101

WEBER, Heribert: 8, 9, 33 ff, 42, 53, 62, 63, 102, 105 ff, 140 f
WEIDISCH, Peter: 55
WIEBACH, Kurt: 31, 35
WIESER, Alfred: 89, 112, 113
WIKUS, Chris: 40
WILLFURTH, Gerald: 37, 93
WINKLHOFER, Thomas: 4, 47, 48, 53, 107
WOHLFAHRT, Franz: 8, 24, 54, 84 ff

YEBOAH, Anthony: 45

ZEMAN, Walter: 8
ZOFF, Dino: 35
ZUBIZARRETA, Antonio: 86

Printed in Slovenia by Mladinska knjiga